U0142461

公民行動方案 2
★ *Project Citizen II*
———— 教師手冊

五南圖書出版公司 印行

國家圖書館出版品預行編目資料

公民行動方案.2：教師手冊/ Center for Civic Education原著；吳愛頡譯. -- 初版. -- 臺北市：財團法人民間公民與法治教育基金會, 2022.07
面； 公分
譯自：Project citizen. II
ISBN 978-986-97461-6-8（平裝）

1.CST: 公民教育 2.CST: 公共政策 3.CST: 中學課程

524.45　　　　　　　　　　　　111005296

公民行動方案 2：教師手冊

原著書名：Project Citizen II: Teacher's Guide
著　作　人：Center for Civic Education（http://www.civiced.org/）
譯　　　者：吳愛頡
策　　　劃：林佳範
本書總編輯：李岳霖

編輯委員：謝靜慧、黃金宏、林莉婷、沈倩伃、許民憲、劉金玫、滕澤珩、黃啟倫
責任編輯：林佳瑩、許珍珍
出 版 者：財團法人民間公民與法治教育基金會 （104台北市松江路100巷4號5樓）
出版者電話：（02）2521-4258　傳真：（02）2521-4245
出版者網址：www.lre.org.tw

合作出版：五南圖書出版股份有限公司
發 行 人：楊榮川
地　　　址：106台北市大安區和平東路二段339號4樓
電　　　話：（02）2705-5066（代表號）
傳　　　真：（02）2706-6100
劃　　　撥：0106895-3

版　　　刷：2022年7月初版一刷
定　　　價：220元

親愛的學生、老師和家長們：

　　謹代表公民教育中心歡迎您們參與「我們‧人民（We the People）：公民行動方案」專題教育課程，希望大家會覺得既有趣又收穫豐富。

　　美國林肯總統曾說，我們的政府是「民有、民治、民享」的政府。我們有權參與自我管理，以保障我們的各種權利並促進共同福祉。而我們在享有此參與權的同時，也承擔了一定的責任，我們必須發展知識與技能俾能有智慧地參與，並且培養爲全體人民促進自由和公義的意願。

　　我們深信本課程能增加學生們的知識、增進他們的技巧，幫助他們更深入的瞭解如何一起努力讓社會變得更好。

　　祝福大家。希望您們會覺得本課程確實是一個既具啓發性又很值得的學習經驗。

誠摯的友人
執行長
Charles N. Quigley

Dear Students, Teachers, and Parents:

　　We at the Center for Civic Education welcome your participation in We the People: Project Citizen, a program in civic education. We hope you will find it interesting and worthwhile.

　　In the words of Abraham Lincoln, we have inherited a government that is "of the people, for the people, by the people." Our right to participate in governing ourselves in order to protect our rights and promote our common welfare carries certain responsibilities. Among these responsibilities are the need to develop the knowledge and skills to participate intelligently and the willingness to promote liberty and justice for all people.

　　We believe this program will add to students' knowledge, enhance their skills, and deepen their understanding of how we can all work together to make our communities better.

　　We wish you well, and we hope that you find the program a stimulating and valuable experience.

　　Sincerely,

Charles N. Quigley
Executive Director

PROJECT Citizen II
公民行動方案 2
目錄
教師手冊

概論

A. 教師手冊的格式

　　教師手冊中提供步驟 1-6 的課程計畫建議，依循這些課程計畫，可以使「我們‧人民：公民行動方案」（We the People: Project Citizen）的推行更有效率。教師們並可依照實際需要採用其中的各項建議。

　　手冊中的每一課都從「暖身問題」開始。這些問題的設計是根據學生們對特定主題的背景知識，或是預先點出這一課將介紹的新觀念。教師可以把「暖身問題」投影或寫在黑板上，在開始上課的前 5 分鐘讓學生們思考，並把答案寫下來。然後，由教師帶領學生們討論大家的回應，來幫助學生們聚焦到主題上並積極參與課程。

　　教師手冊的課程內容分別提供「全班專題方案」和「小組專題方案」的建議。教師們可自由選擇全班一起對一項公共政策問題進行研究，或是讓學生們分組，針對不同的公共政策問題進行研究。

　　課程中有「延伸活動」和「替代活動」，幫助教師按照學生們的需要調整活動方式，這些是可以自由選擇的，以輔助課程計畫中原本的活動。

➤ 延伸活動

　　延伸活動可以協助教師引導學生多面向或更深入的探究主題。

◆ 替代活動

　　替代活動主要是協助教師們教導正在學英文的學生、特殊教育的學生，或使用視覺學習而非口語學習的學生。相較於課程計畫中建議的活動，這些活動偏重視覺和互動，非常適合用在全班性的專題方案上。

教師在上這門課程時，要求學生們必須全程製作公民行動方案學習日誌，日誌中應記錄以下事項：
- 每一項「暖身問題」的答案。
- 每一課的筆記。包括：課堂中的討論紀錄、閱讀文本和授課內容（每一堂課學生們都應該做筆記）。
- 完成的學習單，其中可能包括：

學生手冊
- 表格 2：對社區（community）問題制定公共政策和公民社會（civil society）解決方案。

教師手冊
- 附錄 C3：啓動機制
- 附錄 C4：分析問題的重要性
- 附錄 C5：公民行動方案研究提示
- 附錄 C6：研究計畫
- 附錄 C9：專題檔案任務工作表
- 附錄 C14：自我評量表
- 附錄 C16：分析可行的替代政策
- 附錄 C18：班級公共政策提案

附錄 A
這是曾經帶領班級完成公民行動方案的教師提供的課程建議和規劃，包括如何在高中實際有效的進行這套課程。

附錄 B
在評量學生成果發表會時所需的資料。

附錄 C
補充和替代活動、圖表、學習單和本書中提及的各項評量表格。

附註
所有的表格都有電子檔可供下載，請上網：www.civiced.org。
如為教學目的，所有的表格都可複製使用。

B. 公民行動方案之理論和目標

　　美國是民主國家，政府的多數決策和執行，必須由民選代表及委任代表進行。從立國之初起，即已體認到一個長久且健全的民主制度，公民必須在邁向一個完全自治的發展體制中，扮演積極的角色。要承擔這個角色，公民需要：

- 瞭解政府組織。
- 具備足夠的知識、技巧及參與意願。
- 以開明、理性的態度認同美國民主的基本價值和原則。

　　公民行動方案課程的首要目的，在培養學生們參與政府運作的能力和責任感，這樣的參與，除前述的各項需求外，公民還需要具備能夠持續追蹤或監督政府正在做什麼，並能夠在人民關心的議題上影響政府的能力。

　　公民行動方案課程提供一種實作的方式，讓學生學習複雜的政府體系以及該如何監督和影響政府。他們一起對所在的社區進行研究、尋找政府應該處理卻沒有處理，或是處理得不完善的問題，並從中選出一個問題，透過團隊合作進行下列任務：

- 研究問題。
- 確定可解決問題的各種可行方案，並衡量各方案的利弊得失。
- 針對問題提議一項需要政府行動，並且不違反州憲法和聯邦憲法的解決方式。
- 提出行動計畫，以影響政府機構，讓他們願意考慮或採納學生們所提出的解決問題的方案。

C. 公民行動方案和服務學習

　　7 項最佳的學校服務學習[1]：

1. 符合社區大眾認可的需要

參與公民行動方案課程的學生要找出各項和公共政策真正相關的問題或議題，再以班級為單位，選出一個問題深入研究，擬定解決問題的公共政策，並發展行動計畫，讓適當的政府單位可以執行這項政策。

2. 透過服務學習達成課程目標

對主修社會研究、語言藝術或自然科學的學生來說，公民行動方案是非常理想的跨領域交叉學習核心課程，其內容和教學方法都非常適合運用在核心課程的服務學習上。

3. 反思服務學習的經驗

學生在發展班級專題檔案的各階段不同任務時，必須反思該公共政策問題的本質和嚴重程度，提出的政策應具備解決此問題的可行性，以及這個政策會對社區和自身產生什麼影響。完整的公民行動方案應包括學生學習經驗的反思。

4. 培養學生的責任感

在教學的過程中，教師會指定學生參與特定的任務小組，擔負特定的責任，他們必須完成專題檔案並籌備模擬公聽會。經由團隊合作協助學生負起責任，完成服務學習的任務。

5. 建立社區夥伴關係

在研究問題和預備政策提案時，學生有機會接觸政府官員、社區領袖和工商業界人士。這樣的接觸或聯繫能幫助學生發展和政府機關、社區團體或其他組織的關係，也能對學校的服務學習教學課程有所助益。

---

[1] 本段援引自《馬里蘭的最佳實習：學校服務學習增進指南》，巴爾的摩：馬里蘭州教育部，1995 年（*Maryland's Best Practices: An Improvement Guide for School-Based Service-Learning*. Baltimore: Maryland State Department of Education, 1995.）。

6. 預先規劃服務學習

學生在研究時所做的接觸和聯繫，有助於他們選擇有效率的服務學習任務。一旦他們確認想要處理的方案是什麼，就不會以隨機或任意的方式規劃服務學習的工作項目。

7. 反思服務學習的經驗

學生在發展班級專題檔案的各階段不同任務時，必須反思該公共政策問題的本質和嚴重程度，提出的政策應具備解決此問題的可行性，以及這個政策會對社區和自身產生什麼影響。完整的公民行動方案應包括學生學習經驗的反思。

D. 公民行動方案之研究和評估

不論在美國或其他國家，公民行動方案的研究都顯示，參與行動方案課程的學生在監督公共政策和參與其發展都逐漸熟練，能有效的與地方政府溝通，可以從大量多樣的資訊中找到所需的訊息，在爭取他人的支持上也更具說服力。透過這個活動，學生會學到參與公共事務的技能，例如像確定問題、聯絡、影響政府官員，以及參加政府機關的會議（如議會等），並提出建議報告。學生逐漸體認到自己是積極參與的公民，對所具備的與地方政府和政治階層相關的知識充滿信心。有大多數班級的學生曾更進一步嘗試讓政府接受與執行他們提出的方案。許多地方政府官員也對學生的努力付出表示感激，並將他們視為增進社區生活品質的工作夥伴。

教學指導

第一章　公民行動方案介紹

課程目標

　　這一章用 5 個簡單概念說明美國的政治體系和公民行動方案的目標。學生完成這一章後，應該能夠說明這 5 個概念及其內涵，並能闡述公民行動方案的目標。

課程規劃建議

1. 暖身問題

   美國屬於哪一種政府體制？

   完成這個句子：在英國統治時期，美洲殖民地是屬於君主政體（monarchy）的一部分，君主制的國家是由國王或女王執掌政府權力。現在的美國不再是君主政體，而是＿＿＿＿＿＿＿＿＿＿＿＿＿＿＿＿＿＿＿＿＿＿＿＿＿。

   我國屬於哪一種政府體制？＿＿＿＿＿＿＿＿＿＿＿＿＿＿＿＿＿＿。

2. 討論學生在暖身問題提出的回答。他們可能會提及民主政治、共和政體或其他相關名詞。請學生說明他們的答案以及這些名詞的定義，並告訴大家今天將學習 5 個可以用來描述我國或美國政府的基本概念。

3. 請學生閱讀學生手冊第一章第 11 頁的「課程目標」，並討論本章目標和各項活動。

4. 請學生一起閱讀學生手冊第 12 頁「A. 用來描述美國政治體系的 5 個概念」並做筆記。

   - 自由主義（liberalism）
   - 憲政主義（constitutionalism）
   - 民主（democracy）
   - 共和（republic）
   - 聯邦主義（federalism）

◆替代活動

　　首先，將學生分成 2 人一組，每組分配其中一個概念去認識。學生可以利用本手冊的附錄 C1「替代活動圖表：美國政府的概念」[1]，寫下他們的概念，並加以定義，再畫一張圖畫，以及舉例來呈現這個概念。學生在進行小組活動時，教師應該從旁協助。

　　當所有學生都完成表格的練習後，教師可以將負責不同概念的學生重新分配為 5 人一組的合作學習小組，每位學生必須先向所屬的小組解說自己所負責的概念，以及分享所繪的圖畫，然後完成表格中 5 個概念的定義、圖畫與例子。

　　在進行這項活動前，教師可以先示範整個活動流程，讓學生容易進行。如果想讓學生全程獨立完成這 5 個概念，教師不妨另外使用「君主政體」這個名詞做範例。

　　或者，教師也可以先自行完成表格的所有內容，再影印數份，並剪開表格中的各欄位。當學生讀完資料後，再運用這些剪開的欄位，讓他們把對概念的定義和圖畫進行配對。

5　和學生討論這 5 個概念，釐清每個概念的含義。

6　請學生分成兩兩一組或數個小組，進行學生手冊第 15 頁「B. 課堂活動：說明 5 個基本概念及其意義」活動。同學們完成這些問題後，全班一起討論答案。

---

[1] 　請老師也可以運用附錄 C1 討論我國或其他國家體制。

➢ 延伸活動

　　請學生們從最近的報章雜誌中，找一些可以作爲這 5 個概念例子的文章，用這些文章進一步說明各項概念。學生們可以討論他的新發現，評估美國政府在這些事件上和每一項基本概念的相關程度，教師可以帶領學生們討論「直接民主」（pure democracy）或「間接民主」（democratic republic）兩者之間有什麼不同。其他可以討論的問題包括：美國政府應不應該運用像網際網路這一類的科技，來創造一個更直接民主的模式，讓人們可以投票參與更多政府的決策？還是應該保留現在的共和政體，由選舉出來的代議士來做大多數的決定？學生們可能會感興趣的例子包括：該不該參戰？該不該修改稅法？也可以討論「參與式民主」（participatory democracy）和「代議式民主」（representative democracy），例如：請大家討論「大多數美國人民都同意接受代議式民主，因而期待民選官員應該面對選民，提出公共政策來解決選民所關心的議題和問題」這個觀點。公民行動方案教導學生們認知「在各級政府單位裡，參與民選官員、民選代表去監督和影響公共政策制定過程」的重要性。學生們學到這些，不僅是爲了個人私利，也是爲了社區多數人的需求，這是他們的權利，也是他們的責任。

7 請學生們讀學生手冊第 15-17 頁的「C. 公民行動方案的目的」，然後討論並釐清他們的想法。

8 請學生們完成學生手冊第 19-20 頁的表格 1：「參與民主政治」，也可以當作回家作業。同學們的回應要保留到行動方案的結尾，這樣可以對照學生們在完成行動方案前後答案的差異，作爲學生們在公民素質上成長與發展的前測與後測表現。

第二章　公共政策介紹

課程目標

　　這一章要介紹一些背景資訊，幫助學生瞭解「公共政策」這個名詞，以及公共政策在地方政府、州政府和中央政府中所扮演的角色。上完這一章後，學生將會瞭解私人領域、公民社會和政府是組成社會的三大部分，並且針對適合處理某些特定問題的方式，能夠進行評估、確定立場與捍衛自己的主張。最後，學生還必須能夠說明在處理一般性的社會問題時，公共政策所應扮演的角色。

課程規劃建議

1 暖身問題

　　針對下列議題，你認為應該由政府制定法律或規則來解決或處理，還是應該不要讓政府介入，而由人民自己做決定呢？為什麼要或為什麼不要？（注意：在某些社區中，教師可能要提出一些較不具爭議性的問題。這些範例的目的是要引發學生的興趣、辯論和增進對公共領域與私人領域議題之間細微分界的覺察能力）。

a.　一個人可以生養幾個孩子？

b.　女性可以墮胎嗎？

c.　成人可以在餐廳抽菸嗎？

d.　速食店的漢堡可以含有多少脂肪？

e.　父母可以打小孩作為懲罰嗎？

2 帶領學生討論這些「暖身問題」。大多數學生應該都會同意問題 a 屬於私人的問題，雖然有一些國家在這方面有相關的法律規定；最後一個問題應該屬於政府管理的領域，但是在 18 和 19 世紀時的美國，這卻算是私人問題。比較能引發討論的應該是墮胎、食物和抽菸的問題。幫助學生把討論的重心聚焦在公領域／私領域上，而不是在學生個人的看法或道德評價上。教師可以在黑板的兩邊寫下「公共領域」和「私人領域」，然後將學生的回應寫在各項下面。墮胎和抽菸最後可能會被認為與兩者皆有關係，教師正好可以利用機會，說明墮胎之所以會具有如此高的爭議性的原因之一，就是在立法上墮胎到底是不是屬於「應該由政府介入或影響」的議題。請教師強調：基本上所有的美國人都同意需要有政府存在來負責管理一些事情，但是應否限制或如何限制政府的權力則必須經過討論。

◆ 替代活動

請決定下列各議題是屬於公共領域還是私人領域：

a. 在黑板的兩邊寫上「公共領域」和「私人領域」兩大標題。

b. 大聲讀出一個暖身問題，請學生決定自己要站到哪一個標題的下方。

c. 請學生說明爲什麼認爲這是一個公共／私人領域的問題，並加以討論。

d. 讀下一個暖身問題，強調不同的意見和討論是民主政治的重要元素，不要把這個活動
   變成辯論比賽或是分黨結派的活動。

3 請學生一起讀學生手冊第 21 頁的「課程目標」，並討論所敘述的目標和各項活動。

4 請學生讀學生手冊第 22 頁的「A.什麼是私人領域、公民社會和政府？」並加以討論，
   協助學生釐清觀念。

5 請學生個別或分組完成學生手冊第 23 頁「B.課堂活動：區分不同的社會領域」練習。
   以下是參考答案：
   1.c 2.b 3.a 4.a 5.b 6.d 7.c 8.b 9.d 10.c

6 學生手冊第 24 頁的「C.特定問題應該由哪個領域處理？」
   想想看：有哪些類型的問題，會讓人們對「應該由哪個領域負責」有不同的意見，請
   學生舉例說明，例如像「可負擔住宅」（affordable housing）、環保問題、能否擁槍
   自保、醫療保健、藥物和酒精濫用或是無家可歸的遊民等問題。
   這是一個簡單理解不同政府的好機會，不同國家的人民對政府的角色可能有截然不同
   的看法。例如：在大多數的歐洲國家，人民期待政府應該提供醫療保健的服務，然而
   在美國，大部分則是由私人醫療保健體系去提供服務。

> ➤ **延伸活動**

　　鼓勵學生閱讀報紙的專欄，找出在解決特定問題上，政府應扮演角色的不同論述。從專欄裡的正反意見中，常常可以清楚看見對此問題的正當性辯論。鼓勵學生研究不同政黨的論述，藉以認識對此問題政府應扮演角色的政治哲學。

7 請學生個別或分組完成學生手冊第 24-25 頁的「D. 課堂活動：決定哪個或哪些領域應該要負責處理某些常見的社會問題」。有些學生可能會發現利用圖像組織（graphic organizer）做整理很有幫助。學生可以在黑板上寫「私人領域」、「公民社會」與「政府」等標題，或是做標籤貼在盒子上。學生對這些問題的不同回應，都必須受到尊重，並且要以理論和證據作為評估是否支持他們立場的基礎。

8 請教師告訴學生們在進行公民行動方案時，必須要把重點放在：應該由政府處理的問題屬於「公共領域」，而非「私人領域」的範疇，政府可以透過法律、規則、命令、計畫或各種行動來制定處理問題的「公共政策」，因此我們會用「公共政策」一詞來指政府對這些問題的回應。

9 請學生們讀學生手冊第 25-28 頁的「E. 何謂公共政策？」的 3 個章節，然後做筆記並討論：
- 公共政策的定義和功能。請學生們在讀完後，討論並釐清公共政策的定義。
- 公共政策的實施。請學生們討論並釐清執行公共政策時的 4 種替代方式。
- 程序正義與公共政策的制定和實施。請學生們討論並釐清「程序正義」或是「正當法律程序」的意義、目的及必須考量的要件，以判斷政府採用的程序是否公平。

10 請學生們個別或分組完成學生手冊第 29 頁的「F. 課堂活動：運用公共政策的定義」。
答案：1.b　2.c　3.d　4.a　5.d　6.b　7.c　8.d　9.b　10.b

11 請學生們讀學生手冊第 30 頁的「G. 聚焦公共政策問題」，然後討論並釐清公民行動方案要聚焦在公共政策問題的原因。

➤ 延伸活動

請學生們回家後，從報紙上至少找一篇和公共政策有關文章的剪報，並請蒐集關於私人領域、公民社會和政府相關的文章各一篇，在下次上課時帶到班上討論。

➤ 延伸活動

對公共和私人領域範圍的合理觀點，可以幫助學生們認識不同的政黨和政治立場。學生們可以在網路上找到一些主要政黨的政治理念，以及各政黨在公共領域和私人領域這個議題上有哪些不同的主張。例如：對照民主黨和綠黨，或是民主黨和共和黨的黨綱都可以看到明顯的差異。學生們可以利用「圖像組織」來整理蒐集到的資料，以方便在課堂上討論。

> **延伸活動**

　　請學生們研讀拉瑞‧葛司頓所著《民主社會中的公共政策制定：從事民主活動指南》（Gerston, Larry. *Public Policymaking in a Democratic Society: A Guide to Civic Engagement*. Armonk, NY: M.E. Sharpe, 2002）[1] 的第一章。這一章對公共政策有非常卓越的介紹。

同學們在閱讀的同時，請回答下列各問題：

- 請各舉 3 個公共領域議題和 3 個私人領域議題的例子（自身經驗，不是閱讀到的），並說明這兩類議題基本定義上的差異。
- 請舉一個介於公共領域和私人領域之間議題的例子，並說說看你認為政府該不該介入這個議題呢？
- 各舉出 2 個關於地方政府、州政府和中央政府公共政策的例子。對你來說，哪一個層級的公共政策最重要？你最有可能影響到哪一個層級的政策制定？為什麼？
- 書中談到的公民模式，你最同意哪一種？為什麼？在這些不同公民模式的社會中，人民各有哪些責任？

> **延伸活動**

　　如果學生對政府的基本架構不瞭解，教師需要利用一堂課來介紹政府的各層級和各機關。

> **延伸活動**

　　教師可以影印發給本手冊第 105 頁，附錄 C2「公共政策小試題」，幫助學生們確認是否對公共政策的定義有正確的認識。

12 請學生們個別或分成完成學生手冊第 30 頁「H. 課堂活動：對社區問題制定公共政策和公民社會解決方案」。同學們要用第 31 頁的表格 2：「對社區問題制定公共政策和公民社會解決方案」來進行這項活動。請學生們和小組或全班分享自己的想法。

1　美國公民教育中心可提供《民主社會中的公共政策制定》的資料，詳細內容與訂購方式，請上網查詢：www.civiced.org。

第三章 公民行動方案程序

課程目標

在這一章中，要帶領學生對社區所面臨的各項問題進行調查，並將調查的焦點集中在有哪些問題可能需要一定程度的政府力量介入，才能成功解決。

學生們隨著以下的 6 個步驟，將能夠確認出重要的問題並進行研究，以建議一項可解決問題的公共政策之提案，並製作成資料檔案及以舉辦公聽會的形式，來呈現其研究結果和提案。

進行步驟

本章中執行公民行動方案的 6 個步驟：
1. 確認需要用公共政策解決的問題。
2. 選定班級要研究的問題。
3. 蒐集班級所選定要研究問題的相關資訊。
4. 發展專題檔案。
5. 在模擬公聽會報告專題檔案。
6. 經驗回顧。

步驟1 確認需要用公共政策解決的問題

課程目標

在這個步驟中，學生要先確認社區或地方上的問題，而這些問題主要應該是由政府或政府和公民社會合作才能處理，它們可以是學生切身經歷、聽說、曾經在報章雜誌上讀過，或廣播、電視及網路上報導過的問題。

透過確認問題的過程，學生們可以學到這些問題可能是由哪些地方、州或中央政府部門負責處理。

本步驟的目的是要為步驟 2 做準備，屆時全班要從中選出一個問題進一步研究，並提出一項解決問題的公共政策，參與「公民行動方案」。

課程規劃建議

1 暖身問題

如果你可以當一天的國王或女王，並能解決一個社區問題，你打算解決哪一個問題？為什麼？

2 帶領學生討論剛才的暖身問題。把學生提出的問題列在黑板上，請大家說說看自己提出的問題為什麼屬於公共政策問題？請學生對照學生手冊第 25-26 頁對公共政策的定義。

3 請學生讀學生手冊第三章第 33 頁的「課程目標」，並與學生討論課程目標及相關活動。

4 請學生研讀並完成學生手冊第 36 頁「A. 分組活動：確認社區中需要用公共政策解決的問題」任務。

　a. 當各組已完成問題清單並選出其中一項值得進一步研究的問題後，請讓各組與全班分享討論其所選定的問題。

　b. 在海報紙或黑板上列出各組選定的問題。這個列表可以幫助學生稍後在進行公民行動方案時找到適切的問題。

　c. 讓每一組說明所選的問題，在和全班分享時，每一組都必須回答下列的問題：

　　i. 所選定的問題是什麼？為什麼這個問題很重要？

　　ii. 這個問題是由政府、公民社會或私人領域處理，還是由其中二者或三者的組合共同處理呢？為什麼？

　　iii. 這是一個適合進一步研究的問題嗎？（對學生強調，未來會需要針對這個問題和大人面談、進行研究，並在公聽會裡提出他們的研究成果，包括在父母、社區領袖和其他同學的面前做報告。這是鼓勵學生考量他們的年紀和社區標準，審慎選擇適當主題的好時機。請學生想想看：是否能信心十足的站在父母和社區領袖面前嚴肅的討論這個問題？教師也必須審慎評估判斷，幫助他們選擇適合的問題）。

> **延伸活動**

　　教師要特別注意在有爭議性的議題上，必須要向學生介紹各種不同的政治理念。不妨邀請代表不同立場的政治活動組織成員來班上說明，而這些成員必須願意和學生共同討論所關心的問題，才能幫助他們瞭解所選定的問題可能涉及的範圍有多大。成員的說明必須聚焦在所屬組織關心的議題上，稍後在進行公民行動方案時，學生很可能還會再邀請或聯繫他們。

　　適合的政治活動組織可能有：政黨的地方黨部、環境保護機構、公有土地使用相關團體、公民權利倡導團體、擁槍權和槍枝管制團體、移民團體、教育團體、交通團體、醫療保險團體和防制濫用藥物團體等。

5 請學生完成學生手冊第 36-37 頁的「B. 個別活動：就所選定的問題對社區公眾進行意見調查研究」。教師可以依據教室環境和課程目標用不同的方式分配工作。以下是幾種建議：

　　a. 請學生各自進行 B 部分的訪談，完成學生手冊第 38-40 頁的表格 3：「訪談紀錄表」，學生可以自由選擇要訪談的問題。

　　b. 訪談結束後，學生要在下一次課程中和小組成員分享他們的心得。分組的方式可以是採「同類型問題」（如所有進行環保相關問題）為標準，或是採「不同類型問題」分組，讓大家互相觀摩並選擇其中之一進行研究。可以將對同一個問題有興趣的學生組成小組，依 B 部分分派研究工作，有些學生負責訪談、有些學生進行網路研究、書面資料研究，然後在下一堂課程中和其他成員分享成果。

　　c. 可以請每位學生進行一次訪談再加上一項網路或書面的研究。

　　d. 學生可以用學生手冊第 41-43 頁的表格 4：「出版品及／或網路資料研究表」來記錄。

6 依據上述第 5 點的分組方式，學生小組必須完成學生手冊第 44 頁的「C. 小組活動：瞭解更多班上找出來的問題」學習單。學生們應該依 B 部分所選的研究方法分組。

➤ 延伸活動：瀏覽報紙上的公共政策議題

　　請學生們閱讀最近的報紙，從中選出和公共政策有關的地方或各縣市的問題。學生們可以蒐集整理這些與公共政策相關的文章，用以顯示對目前公共議題的瞭解和認知，或者也可以製作某個主題的海報和班上同學分享。在選定議之前，必須先熟悉社區現在關心和討論的事項。教師可以選出幾項關鍵議題讓全班同學們討論或辯論，教師可以給予學生下列各項指導：

a. 閱讀報紙，並從中選出一篇和公共政策有關的文章。

b. 引用文章的標題及資料的來源、日期和作者。

c. 用自己的話陳述這個問題，例如用「應該要」的問句型式：「這條路上應該要設置新的交通號誌嗎？」

d. 列出文章中提出的政策議題、問題或解決之道。

e. 列出你對這篇文章的問題（例如：需要釐清定義的名詞、不懂的觀念、所需的背景知識等）。

f. 指明最可能要處理這個問題的政府層級、單位或機關。

g. 請對問題的重要性進行評分（從 1 分到 5 分，1 分是最不重要，5 分是最重要）。

導言

　　在這個步驟中，學生要選出一個問題進行班級研究，從這裡開始是課堂進行公民行動方案的重點。這個步驟很重要的是，教師必須確保學生選出適當的問題。如果學生在先前的步驟中，已經對少數問題產生興趣，而且能在沒有太多的爭議下達成共識，就可以較快選定一個問題；也有些班級在這個步驟上花費較多時間，這是因為學生感興趣的問題較多，需要進行較長的辯論或討論，才能從中選定一個問題。教師必須適時依本章節教學指引來引導學生進行這個步驟。

　　最後，教師對學生們在選擇班級研究問題的過程，應適當的介入。這是為了確保學生決定要研究的問題是適合深入討論和處理的，必要時教師可以否決學生選定的問題。再者，教師可視其課程目標，引導學生更進一步認識某層級政府（聯邦政府、州政府、地方政府或學校）的問題，也可以讓學生自由選擇任何他們感興趣的問題。當學生可以選擇將來要研究的問題時，他們對課程投入的熱誠及學習效果越大。

課程目標

　　在這個步驟，全班要討論各小組所研究的問題。當有足夠資訊可選定一個問題（或每一個小組選一個問題）做進一步研究時，教師就可以要求學生對所選的問題進行深入研究。這個步驟結束時，學生必須選出在後續課程中所要聚焦的問題。

課程計畫建議（一）

1 暖身問題

全班進行公民行動方案的問題，你想選哪一個呢？寫一個簡單的報告，說明為什麼你認為這個問題是最重要並最適合，值得全班用幾週的時間來研究。

2 請學生讀學生手冊第 45 頁步驟 2 的「課程目標」，和他們討論這個目標和各項活動。

3 說明學生手冊第 46 頁「A. 分享社區問題的資訊並建議值得深入研究的問題」中的指示，學生應該和第 44 頁步驟 1 中「C. 小組活動：瞭解更多班上找出來的問題」共同研究的小組組員坐一起。

4 每一組應按照手冊第 46 頁「B. 選定班級要研究的問題」的 4 項標準，輪流向全班說明該組研究的問題，其他組都必須回應這個問題是否適合進行班級研究。教師應該確認這個問題符合下列 4 項標準：

- 應該單獨由政府處理，或是由政府和公民社會或私人領域合作解決。
- 對學生和社區很重要。
- 學生可以蒐集到足夠資訊來發展出一個好的方案來處理。
- 學生可以實際提出公共政策建議，給社區或各級政府機關來處理或解決。

5 在每個小組都說明所研究的問題並獲得回應之後，教師應該帶領全班討論，並尋求共識進而選定一個班級研究問題。這裡特別提醒教師，不要因爲急於達成共識，而催促整個過程匆忙的進行。

在步驟 2 中，學生有機會學習到如何說服別人的演說技巧。教師可以讓學生練習如何遊說其他同學，並爭取他們支持自己小組所選定的問題。想要研究不同問題的學生需要進行更多的研究，並對全班提出具有說服力的演說，以爭取更多學生的支持。

當學生覺得可以做決定時，請教師要求全班必須就班級研究的問題達成共識。雖然多數決是一種常見的方式，卻不一定是能成功執行行動方案最有效的方法。公民行動方案的重要目標之一，是幫助學生瞭解在民主制度中，溝通和妥協是制定政策程序中的重要環節，因爲事情不見得每次都能按照自己的心意進行，有時候必須透過公開、審議的程序，讓每位學生都有機會表達自己的意見，以及說明他們關注的事項。若能順利進行，這個達成共識的過程就比較能打動那些對這個議題沒興趣，或是不想參與公民行動方案的學生去認識這個議題的重要性，說服他們願意和大家一起處理全班最後決定的問題。

最理想的狀態是，班上的每個人一起處理同個問題。因此，每個人對於這個問題能有相當程度的認同，並且願意和班上其他同學合作就很重要。當一個團體達成共識時，這意味以下幾件事：

- 每個成員都有機會自由表達自己的想法，亦即在討論各個問題的時候，能分享不同意見和不同觀點。
- 沒有人是因爲受到其他同學或老師的壓力而被迫做決定。
- 必須付出相當的努力去整合不同的想法和意見，以達成最終共識。

達成共識的一種方法是全班就各個問題進行討論，直到有幾個問題脫穎而出，獲得多數人贊成和少數人反對。爲了達成對班級問題的最終合意，每位學生都可以使用以下的標準表達支持與否的程度：

- 第 3 級：我願意投入處理這個問題。
- 第 2 級：我願意提供協助處理這個問題。
- 第 1 級：我不希望處理這個問題。

每位學生可以用手指顯示數字 1 到 3，來表示對提議問題的支持度，1 代表低度支持，3 表示高度支持。這個方式能確保每個人對所討論的問題，都有表達意見的機會，如果某一個問題沒有獲得普遍性的支持，也就是第 2 和 3 級的支持，那最好再進一步討論該問題，或是繼續尋找下一個可能獲得較多支持的問題。

➤ 延伸活動

同學們也可以利用本手冊第 106 頁的附錄 C3「啓動機制」圖表來評估問題。請參考本手冊第 31-32 頁對啓動機制的詳細說明，這個活動提供一個架構，幫助同學們分析不同問題的重要性，並能選出一個比較有可能獲得公共政策決策者注意的問題。

課程計畫建議（二）

1 暖身問題

你想要你的小組研究哪一個公民行動方案問題？請寫一個簡單的報告說明，為什麼你認為這個問題最重要、最適合小組在未來課程中進行研究。

2 請學生讀學生手冊第 45 頁步驟 2「課程目標」，和學生討論這個目標和活動，讓他們清楚知道可以按照自己有興趣的問題進行分組研究，全班不一定要研究同一個問題。並向學生強調，今天要為後續的公民行動方案課程做最後的決定 —— 選定各組要研究的問題。

3 依據學生們已經進行研究的問題型態分組，可以按照廣泛的主題來分配小組。例如：教育、健康、環保、犯罪、交通等。

4 各組的每位學生應按照學生手冊第 46 頁「B. 選定班級要研究的問題」的 4 項標準，輪流向小組其他成員說明他 / 她研究的問題，其他同學都必須回應這個問題是否適合進行該組研究。教師應該確認這個問題符合下列 4 項標準：
- 應該單獨由政府處理，或是由政府和公民社會或私人領域合作解決。
- 對學生和社區很重要。
- 學生可以蒐集到足夠資訊來發展出一個好的方案來處理。
- 學生可以實際提出公共政策建議，給社區或各級政府機關來處理或解決。

5 各小組要選一個問題進行公民行動方案計畫，請同學們參考本手冊第 28 頁的步驟 2，「課程計畫建議（一）：全班級模式計畫」第 5 點中建議的方法。第 29 頁建立共識的方法非常適合小組運作。

➤ 延伸活動：啓動機制（triggering mechanisms）

　　這個活動提供一個架構，幫助同學們分析不同問題的重要性，並能從中選定最能獲得決策者注意的問題。這個架構源於 Larry Gerston 定義的 4 個「啓動機制」——這些因素能幫助判斷一個問題是否足以引起公共政策制定者的關注或可能被忽視。Gerston 指出，公共政策制定者的時間、精神和資源有限，不可能去處理所有民眾感知的各種問題。因此，政策制定者會有他們的優先次序，先處理眼前最重要的問題。若學生明白這個狀況，就能選擇最能獲得政策制定者注意的問題，而非那些排序在決策者表列後段的問題。

　　請同學們閱讀《民主社會中的公共政策制定》[1]的第 31 頁到第 41 頁。定義「範圍」、「強度」、「持續期間」和「相關資源」。如果班上沒有這本書，教師可以用下列定義來說明啓動機制：

· **範圍**

　　這個問題有多廣泛？有多少人受影響？影響到一個區域多數人的問題，比起只影響到少數人的問題，更可能獲得決策者的關注。

· **強度**

　　這個問題有多麻煩？人們對這個問題有多關切、曾經做了哪些動作、願意花多少心力、多密切的處理過這個問題？人們越深度關切的問題，就越能引發決策者的注意。

· **持續期間**

　　這個問題持續多久了？Gerston 認為：「一個問題能吸引大眾的關切時間越久，就可能有越多人要求決策者要做改變。」（第 35 頁）

· **相關資源**

　　這個問題造成哪些資源的風險？人們會因為決策者的不同回應得到哪些益處或損失？相關資源包括：決定重視或忽視這個問題會影響到的財務成本、個人價值、想法和忠誠度。

1　如需更多訂購資訊，請上網查詢：www.civiced.org。

請教師實際運用前述的「啓動機制」來幫助同學們瞭解，在選擇公共政策議題時「啓動機制」的重要性，協助同學們用每一項機制來分析討論這些議題。

　　一旦同學們對每一項「啓動機制」有清楚的認識之後，就可以讓大家對下面幾個例子依據啓動機制做評估。請參照本手冊第 106 頁附錄 C3「啓動機制」評量表來整理大家的想法。

a. 1950 年代美國南方的種族隔離

b. 2001 年 9 月 11 日之前在美國境內的恐怖主義

c. 2001 年 9 月 11 日之後在美國境內的恐怖主義

d. 墮胎

e. 全球暖化

　　這些例子可以讓同學們更清楚瞭解「啓動機制」可以幫助判斷決策者會不會重視某一個問題。舉例而言，在 1950 年代美國南方種族隔離這個問題上，同學們給予「啓動機制」的各項評分應該都很高，這就表示在多次的公民行動後，這個問題最終已經重要到不容決策者忽視的情況。老師要強調在決策者正視這個議題之前，它存在了多久，以及這個議題的最終引爆點。

　　以 2001 年 911 事件前後的恐怖主義問題爲例，同學們便可瞭解到一個議題的強度可能是決策者認定事件優先次序的關鍵因素。在 2001 年 9 月 11 日之前，同學們給恐怖主義問題的啓動機制評分，應該要比之後低很多。和同學們討論與比較在 2001 年前後，決策者投入打擊恐怖主義的各相關資源。當各項啓動機制的評分都很高時，他們就會通過新法律、成立新的政府機構，並花費數千萬美元的經費在這個議題上。和學生們討論「公共政策制定者應以公民角度思考啓動機制」的重要性。例如墮胎這個議題，不時出現在公共議程中，獲得決策者相當程度的關切，因爲這個問題在每項啓動機制的分數都很高，特別是在「強度」的項目。

　　討論這些啓動機制之後，可以請學生們報告他們想要研究的問題，而這個問題在各啓動機制項目的分數都很高。本手冊第 107-108 頁附錄 C4「分析問題的重要性」，可以幫助學生整理他們的問題的範圍、強度、持續期間和資源的風險，以致於這個問題需要決策者的關注和處理。你可以將這項表格當作課後作業，要求每位學生在決定要研究哪個問題之前完成自己的表格，讓他們有機會思考該如何呈現這個問題存在不容忽視的重要性。

步驟3　蒐集班級所選定要研究的問題的相關資訊

課程目標

　　現在班上已經選出一個或幾個要進一步研究的問題，除了在步驟 1 中已經從社區裡蒐集到的資料外，學生們必須知道還可以從哪裡找到更多相關的資料。

　　在這一課程裡，學生們要蒐集更多的資料，準備進行班級研究。大家可以盡可能的運用各種資源，包括傳播媒體、出版品、網際網路，或是對這個 / 些問題有專業背景或特殊知識的人們。

課程計畫建議（一）

全班級模式計畫

1 暖身問題
　　詢問學生們，在前一堂課裡是如何找到這些問題的相關資料？請列出 5 項來源。

2 討論學生們在暖身問題時的答案，把所有的資料來源列在黑板上。利用一些問題追根究柢，讓學生們認真思考資料的具體來源（例如：「網際網路」就太廣泛，「你如何在網路上找到更多和這個 / 些問題相關的訊息？哪個網站、搜尋引擎、關鍵字或是組織呢？」則較具體）。

3 請學生們閱讀學生手冊第 47 頁步驟 3 的「課程目標」，和學生們討論所列的目標和各項活動。強調這一個步驟的主要目的是要蒐集事實、統計數字，以及專業的文章和資料，可以清楚顯示他們選擇了一個重要並值得決策者關心的問題。

4 請學生們讀學生手冊第 48 頁「A. 從不同的來源蒐集資訊，為什麼很重要」並加以討論。

5　請學生們讀學生手冊第 48-50 頁的「B. 課堂活動：辨識資訊的來源」，請大家討論各項來源，並將這些來源加入先前進行暖身問題時的列表中，再討論與班級所選定問題相關的每一項資料來源的優、缺點。教師應幫助學生們確認所列的資料來源是最能提供有價值的資料，並且是學生們可實際取得的。

6　將學生們分成數個研究小組。教師可以按照學生手冊第 50-51 頁的「取得和整理資料的原則」進行分組活動，或是讓每一個小組先只負責一種類型的研究，再向全班報告成果。基本上，班上的研究小組必須聚焦在下列各方面：
- 圖書館中的書刊及雜誌。
- 網路上的資料。
- 報紙。
- 教授和學者。
- 律師和法官。
- 利益團體和其他社區組織。
- 立法委員辦公室（服務處）。
- 行政機關各處室。
- 其他個人訪查（政府官員、民意調查等）。

　　教師可以允許學生們依據個人的技能和興趣選擇研究小組（例如：喜歡使用電腦的學生可以參加網路小組、個性活潑外向的學生參加個人訪查小組等）。此外，也可以由教師指定分組來增進學生們在不同領域的學習經驗，以及和不同夥伴的工作經驗。學生們可以使用學生手冊第 52-61 頁的表格 5-8 來整理記錄所蒐集到的各項資料。

　　除了按照上述方式分組，教師也可以按照本手冊步驟 2「啟動機制」的各項目來分配研究小組，一組負責研究一項啟動機制（範圍、強度、持續期間或資源），然後向全班報告，由此證明這個問題的各項評比都很高值得深究。每一組可以在網路上、圖書館或透過個人訪查來找研究資料，以決定回答問題的最佳方式。

7 學生們要準備開始進行研究，每位學生在下次上課前必須完成一項任務。教師可以要求每位學生完成本手冊第 109 頁附錄 C5「公民行動方案研究提示」表，或者請每位學生清楚寫下準備要研究什麼，以便確保每位學生對要研究的問題都有應該要負責的部分。在實際進行前，各研究小組可以在課堂上先花一些時間做準備。例如，訪談小組要先寫下想問的問題，並確認要訪談的對象；網路小組應該完成本手冊第 110 頁附錄 C6「研究計畫」表，來確認研究所要使用特定查詢的字彙，並利用本手冊第 111 頁附錄 C7「網站註記卡」來幫助他們從眾多的網站中迅速蒐集資料。此外，也可以用學生手冊第 59-61 頁的表格 8：「網路上的資訊整理紀錄表」，詳細記錄最後選擇要放到檔案資料夾裡的網路資料。

8 讓學生們在課堂上或回家後進行研究。

➢ 延伸活動

這個研究階段提供一個很好的機會，教導學生們認識主要與次要的資料來源、事實與個人意見，以及各種不同形式資料的可信度。如有需要，在這個步驟也可以教導學生們一般性的研究方法、網路搜尋技術、意見調查和訪談技巧。

- 教師可以指導學生們電話訪談的技巧，用角色扮演的方式讓學生們在全班面前和同學互相練習。請學生用學生手冊第 56-58 頁表格 7：「書信或訪談資訊紀錄表」作為角色扮演練習或實際進行的範本。這項活動可以幫助學生練習怎麼撥打具有專業水準的電話，也讓他們知道事前把問題準備好的重要性；除了表格 7 之外，亦可鼓勵學生自行發想問題。最後請向學生強調，協調研究任務分工很重要，對同一位訪談對象千萬不要發生重複聯絡的情況。
- 教師也可以從角色扮演中教導學生們訪談的技巧。
- 如果學生們有計畫要進行意見調查（這有助於決定問題的範圍），教師要在學生們著手前，先教導進行意見調查的基本原則，跟學生們說明意見調查有助於從很多人之中找到少量的資料；而訪談則能從少數人中得到大量的資料。所以在進行問題研究時，二者皆不可偏廢。本手冊第 112 頁附錄 C8「書面意見調查製作指南」可以幫助學生製作有效可靠的民意調查問卷。
- 學校的圖書館員或許可以教導學生有關研究方法及如何使用與引用他人資料等。教師應讓學生清楚知道應有的參考目錄和出處援引的呈現格式。
- 教師必須教導學生製作完善筆記和資料來源記錄的重要性。

9 請學生們讀學生手冊第 62 頁的「C. 分析獲得的資訊」，並發給學生一人一份表格 9：「分析問題的相關資訊」（學生手冊第 63-64 頁），然後請全班討論哪些是有用的資料，接著請大家各自完成自己的表格。

> **延伸活動**

　　有些教師會請學生按照表格 9 寫一份 1-2 頁的「問題摘要」，這可以幫助每位學生對所屬團體的行動方案有參與及責任感。

◆ **替代活動**

　　如果班上要進行多項行動方案，每個工作小組都必須完成表格 9。

10 學生們完成表格 9 後，教師要帶領學生連結到學生手冊第 62 頁的「D. 製作資料檔案和報告」，並介紹每一個公民行動方案專題檔案中必須完成的 4 項任務，並告知學生們已經完成第一項任務「問題解說」的一大部分。教師也可以用學生手冊第 10 頁的圖，讓學生們更瞭解公民行動方案專題檔案的 4 項任務。向學生說明如果想讓處理這個問題的公共政策能具體實施，就必須進行這 4 項任務。

11 請學生們讀學生手冊第 62 頁的「D. 製作資料檔案和報告」的指示，帶領學生們討論和班級問題相關的每一項任務；如果班上準備分成幾個小組研究幾個問題，也可以就每個工作小組的個案討論。在學生們討論時，可以把每一項任務的標題用粗體字寫在教室前面的黑板或海報紙上，讓學生一項項填進去。

課程計畫建議（二）

小組模式計畫

1 延續之前的課程計畫，但是不需要組成研究小組，因為班上已經有由 3-8 人組成的工作小組，學生們必須決定哪些問題相關資料的可信度最高。教師可以在教室裡來回走動聽每一組的討論。每個小組都必須製作一個研究計畫，在本手冊第 107-108 頁附錄 C4「分析問題的重要性」的表格上強調所有的議題。每位學生都要負責一項任務來完成指定作業。

◆ 替代活動

學生們分成小組完成本手冊第 113 頁附錄 C9「專題檔案任務工作表」上的活動。

◆ 替代活動

請學生們閱讀最近的報紙，選出一篇討論或辯論最近公共政策的文章，請學生們用這篇文章為例，完成本手冊第 113 頁附錄 C9「專題檔案任務工作表」上的活動。教師必須幫助學生們找出問題、可替代的政策、提議的政策，以及要執行這項政策所必須的行動計畫。

◆ 替代活動

為協助學生們瞭解製作公民行動方案文件資料檔案的各項不同任務，教師必須要求學生將各項任務正確填入本手冊第 114 頁附錄 C10「替代活動指導」表格各欄裡。教師可以影印這一頁，並將各項任務剪開來，方便學生放入表格的各欄位裡，學生也可以用手寫方式，將每個任務填入欄位中。參考答案在本手冊第 115 頁的附錄 C11「專題檔案任務工作表參考答案」中。

步驟4　發展專題檔案

課程概述

　　這是整個「公民行動方案」中工作分量最多的階段，同學們在這個步驟中必須呈現先前研究所得的資訊，然後製作成一個 4 部分的專題檔案來說明他們的方案。

　　在這個階段，可以用很多方法來進行班級活動。最重要的是，要讓每位同學都學習到制定公共政策過程的每一項工作。因此，全班同學都要在分組完成專題檔案的各項任務前，學會「各項可行的政策」、「制定政策」和「擬定行動計畫」。這些課程計畫的建議可以提供教師們教授關於制定公共政策每一項工作的一些想法。

　　如果班上是採用小組計畫的模式運作，請教師按照這裡建議的課程規劃來進行。不過，除了把全班分成小組之外，在各分組內也要將完成專題檔案的各項工作分配給組員，每個小組都要完成專題檔案中的 4 項任務。

課程目標

　　現在學生們已經完成步驟 3，可以開始製作專題檔案了。專題檔案必須包含兩個基本要素：展示板和文件資料夾。每個要素又有 4 部分，正好對應步驟 3 中完成的 4 項任務。班上同學要分成 4 個小組，每一組負責專題檔案 4 部分中的一部分。

課程計畫建議

1 請學生們讀學生手冊第 65 頁步驟 4 的「課程目標」，和大家一起討論課程目標和各項活動。

2 請學生們讀學生手冊第 66 頁的「A. 製作專題檔案」，確認學生們都明白要完成專題檔案必須進行的 4 項任務。

3 給學生們足夠的時間詳細閱讀學生手冊第 67 頁的「B. 專題檔案的格式」，並且跟學生們強調，要將研究過程中使用的所有資訊予以保存，並整理好放入文件資料夾。文件資料夾可以呈現出他們研究的深度，以及讓他們蒐集或完成的研究報告、文章、專訪及民意調查結果等容易查閱，即使有些研究並沒有列在他們的展示板裡面。
教師必須決定學生們要用哪一種格式，如果教師允許學生們選擇用替代性的格式（例如，用電子檔案形式、網路、影片或其他方式），就要在這個階段向學生們清楚說明。

替代性格式的注意事項

不論同學們用哪一種格式製作專題檔案，都還是要按照 4 項任務（問題、可行的替代政策、擬定政策提案、行動計畫）的基本架構來進行。教師必須指導學生們用這些基本架構，把不同的格式運用在每一個專題上，例如：如果同學們建立一個網站來呈現研究的發現，這個網站必須包含 4 項工作的 4 個網頁，並能從首頁連結進入該網頁，瀏覽每一項任務的內容。

4 回顧學生手冊第 67-69 頁的「C. 專題檔案的評估標準」，向學生們強調會以列在這裡的各項標準來評量他們的成績。而且評審或公共政策的制定者，也會同樣使用這些標準來評估整個專題檔案。這一套評量標準應可作爲學生們製作專題檔案全部過程的指引。

◆替代活動

為了讓學生們在開始製作專題檔案之前，先知道完成後的專題檔案應有的樣子，並能評估其他同學的工作成果，在這個階段可以讓大家練習評量之前所完成的公民行動方案專題檔案。教師可以把專題檔案的 4 個展示板放在教室裡，讓同學們觀看比較。請發給學生們用來評估專題檔案的評分表，要同學們練習用評分表的各個項目來評估先前的專題檔案。

5
全班級模式計畫

將班上學生依專題檔案的各項任務進行分組。可以由教師分組，也可以由學生們依據自己的專長、興趣和組員自行選組。請發給各組一份本手冊第 117 頁附錄 C13「工作分配：小組模式計畫」工作表格，這可有助於讓學生們確實完成自己在小組中應完成的任務，教師也可以留一份副本，作為在小組未能完成任務或有其他問題時的參考。

小組模式計畫

發給每個小組一份本手冊第 117 頁附錄 C13「工作分配：小組模式計畫」工作表，教師可以使用投影機顯示此表格，並且說明如何分配工作以完成任務。這將有助於讓學生們確實完成自己在任務分組中應完成的工作。教師也可以留一份副本，作為在小組未能完成任務或有其他問題時的參考。

6 教師要在這個階段開始一系列的課程，教導學生們有關專題檔案製作程序的每一個步驟（學生手冊第 71-83 頁），並穿插利用上課的時間讓學生們進行他們各自的研究。教師們可以按照需要，自行調配進度和時間，但是建議教師們要教導一些製作專題檔案所需的基本技巧，並要求學生們在最後統整專題檔案前，必須參與每一項任務。

7 教師們在任務分組進行到適當進度時，請學生們完成本手冊第 118 頁的附錄 C14「自我評量表」。這個表格是用來協助學生們用 3 個項目：「參與」、「完成工作項目」和「和團隊成員合作」，來評估自己的態度、參與程度和對小組的貢獻。

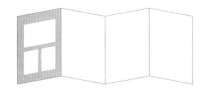

◉ 任務分組 1 說明問題

注意事項

大部分任務分組 1 的工作都應該在步驟 1-3 中完成。

全班級模式計畫

請每位學生按照本手冊第 112 頁附錄 C8「書面意見調查製作指南」的指示，簡述要研究的問題。教師檢視過之後，可以把它們交給第一組的學生，好讓他們用於最後的書面摘要及製作專題檔案。

小組模式計畫

請每位學生寫下問題的摘要，在教師看過後，交給小組中負責撰寫任務 1 摘要的學生（請參考本手冊第 117 頁附錄 C13「工作分配：小組模式計畫」來確認每一組由誰來負責任務 1 的撰寫工作）。

教師也可以讓學生們花一些時間來完成他們專題檔案中的第一項任務。在完成「工作分配」表之後，學生們應該清楚知道自己在任務 1（學生手冊第 71 頁的「任務分組 1：說明問題」）的分工，每位學生都要有一項工作。同時，這是讓學生們決定專題檔案格式（展示板、影片等）的好時機，並能讓此階段工作有明顯的進展。

在這個階段，教師可以要學生們將他們所完成的任務 1 在全班面前提出來，包括展示板和文件資料夾。這可以避免學生們拖延到整個程序的最後階段才完成工作，也給他們一個完成第一項主要任務的期限。在班上進行每一項任務報告時，也可以讓教師有機會審視他們的進度，且儘早給學生們建設性的回饋。這些初稿可以顯示學生們在任務分組裡有沒有認真做好該做的工作，並讓教師在必要時得以及時介入。這些初稿也能讓學生們看到其他小組的成果，並提出建設性的回饋，而且學習到其他小組正在研究的問題。

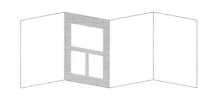

● 任務分組 2
評估得以解決問題的各項可行的政策

課程目標

　　任務分組 2 的目標是要研究和分析可以解決問題的各種方式和不同的公共政策。可以運用的公共政策包括下列各項：
- 不同政黨、利益團體、民選官員或公民的提案。
- 其他鄉鎮市、縣市、州或國家的現行政策。
- 學生們擬定的提案。
- 其他資料來源形成的解決方案。

　　如果教師可以用另一個問題為例，帶領學生們討論處理該問題的各項公共政策提案，這可以幫助學生們更瞭解這個步驟。現在社會上常見的問題，如貧窮、藥物濫用、非法移民或暴力犯罪都是很好的例子，都有不同的團體或個人提出各種解決方式的建議。

　　教導學生們瞭解在決定哪一個是最佳提案之前，必須先進行研究、討論和辯論每一項提案的優、缺點。教師可以播放 C-SPAN 上的國會辯論摘要影片，或是讓學生們從報章雜誌上找出相關的文章，來說明在美國民主制度中，各項公共政策提案必須經過辯論的重要價值。

課程計畫建議

1 暖身問題

請在黑板上寫：「問題：藥物濫用。寫出 3 項政府可以做或正在進行的處理方式。」（如果班上有同學選的公民行動方案主題剛好是藥物濫用問題，這時就要選另一個問題來進行這項活動）。

2

把學生們的答案寫在黑板上「其他方案」的標題下方，並加以討論。學生們的回答會包括：制定法律將持有和發送毒品藥物的行為罪刑化、反對藥物活動、宣導教育、其他國家的藥物管理管制政策、戒癮、戒毒重建和治療中心等。請同學討論各種方式的利弊得失，以及有關對於藥物濫用問題各項政策解決方式的提案進行辯論的重要性。

3

學生們要針對所選定的問題找出並研究各種解決問題的提案，可以請學生們在開始研究之前，先擬定一個如何找到解決方案的計畫。和任務 1 一樣，研究小組可以聚焦在各種不同資料來源的研究（網路、報章雜誌、面談專訪等），也可以用不同的方式進行。在下次上課之前，每位同學至少要各自找出一種解決問題的政策。教師可以提供本手冊第 119 頁的附錄 C15「各項可行替代政策摘要」表格給學生作為參考架構。

4

在同學們都各自找到一個以上的可行政策，並按照「各項可行替代政策摘要」表格分析整理之後，再於小組中就每個人的成果進行討論。

全班級模式計畫

學生們可以按照找到的替代性政策進行分組做「拼圖式合作學習活動」（Jigsaw-style cooperative learning activity），由找到相同政策的學生先組成一組，討論、分析這個政策，直到所有的組員都清楚認識這項政策，然後再打散將找到不同政策的學生組成一組。

在這小組裡，每位學生要向其他組員解說在先前小組時討論的替代政策，所有學生都要用本手冊第 120 頁的附錄 C16「分析可行的替代政策」表格做記錄。教師要提醒學生們這個活動的目標，是要讓每個小組都能討論所有已知的可行政策，透過分析選出 3 項最好的可行政策，整理歸納放在專題檔案的第 2 部分。

發給每個小組一份本手冊第 120 頁的附錄 C16「分析可行的替代政策」表格，請學生們在討論每位學生們找到的可行替代政策後完成這個表格。學生們要能在小組中詳細說明自己找到的可行政策，然後由一位學生把這些資訊記錄到表格裡。這項活動的目標是要讓每個小組充分討論已知的可行政策，從其中選出 3 項最好的可行政策，整理歸納放入專題檔案的第 2 部分。

5 在學生們分組討論各種可行方案與填寫表格時，請教師在教室來回走動，確保各組都在確實填寫表格，以及每位學生都能分享他的可行政策。同時藉由檢查學生們是否都有去尋找並分析各項可行政策，也可以辨認出每位學生是否盡到他的責任。

6 在這項活動後，教師可以要求每位學生寫下一項可行政策的摘要，用來評估各位學生對這些可行政策的瞭解程度，並且學生們可以將摘要交給負責製作專題檔案第 2 部分書寫摘要的小組或個人。請教師用本手冊第 121 頁附錄 C17「分組任務成果表」來評量學生們的書面摘要。

7

小組模式計畫

給學生們一些時間完成專題檔案第 2 部分的工作，可以參照本手冊第 117 頁附錄 C13「工作分配：小組模式計畫」來認識他們在學生手冊第 73 頁任務 2「任務分組 2：評估得以解決問題的各項可行的政策」中的角色。

學生們完成任務 2 後，可以先練習對全班學生發表成果，這樣能督促學生不要把所有的工作堆積到最後階段，並且給他們一個完成任務 2 主要工作的期限。同時，在每一項工作任務完成後，先在班上練習報告，也能讓教師有機會給予學生建設性的回應，並能督導工作的進展狀況。從這些初步的報告中，可以看出各位學生有沒有認真執行在小組中的任務，也讓教師得以及早介入。這些初步的報告也讓學生們看到其他各組的工作狀況和成果，並提供建設性的建議，也能學習到其他各組研究的問題。

全班級模式計畫

全部同學都完成對各項可行政策的研究分析後，接著進行任務 3。

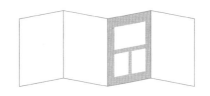

任務分組 3
制定班級支持的公共政策提案

課程目標

在這個部分，任務分組 3 將提出一個可以處理班上選定的問題的公共政策，且班上或小組中大多數學生都認同這是處理問題最佳的方案。這項任務也提供教師教導學生認識聯邦憲法和州憲法中對政府的限制的規定。學生們必須制定一項公共政策提案，這項提案一定不能違反美國憲法或所在州的憲法規定。在擬定政策提案時，學生們可以選擇下列其中一項：

- 支持任務分組 2 找到的各項可行政策其中之一項。
- 修改其中一項政策。
- 結合幾個政策中的不同觀念。
- 發展自己的政策。

課程規劃建議

1 暖身問題

根據學生們對各項可行政策的研究和分析，你認為哪一項政策最能解決這個問題？請用最簡短的語句說明這個最佳政策內容。

2 討論學生們對暖身問題的回答。如果是全班學生研究一個問題，請將學生們擬定的政策想法列在黑板上。

3 複習學生手冊第 75 頁「任務分組 3：制定班級支持的公共政策提案」的各項指示。

　　在這個階段，學生們必須就公共政策提案達成共識，獲得大多數學生同意是解決本問題的最佳方案，達到全班共識的困難度會因為每班學生間的互動關係而有不同；也會受到學生們原本對於如何處理這個問題所持立場歧異程度的影響。在需要時，可以試試下述各項建議，幫助學生找出一項最能處理該問題的政策：

a. 讓全班學生討論一些在暖身問題階段中找出的最佳想法，透過詢問挑戰學生們如何落實執行他們的提案？要付出多少代價？以及有哪些人可能會反對這項政策？

b. 透過討論限縮政策提案的範圍。

c. 請每位學生寫下個人的政策提案，說明他們認為最適當的處理方式。學生們必須遵照學生手冊第 75-76 頁的指示，本手冊第 122 頁附錄 C18「班級公共政策提案」表格，可以提供學生們更多公共政策提案的架構。

d. 在各位學生都寫好個人的政策提案後（也可以當成回家作業），將採取相同提案的學生分成一組，請學生們在小組中討論他們的政策提案，並且確定政策的細節。

e. 讓每組向全班報告其政策提案，詳細說明每個提案的利弊得失。每個小組都要告訴其他學生，他們是否確信這個提案是處理問題的最佳方式。

f. 小組全部報告完畢後，全班一起討論各項政策提案，並進行決定程序，從中選出一項政策或結合數個政策中的不同部分作為班級的提案。決定的程序有投票（voting）和形成共識（consensus-building method）2 種方式，請參考本手冊第 29 頁的說明。

g. 在學生們確定政策提案後，接著要評估這項提案是否合乎憲法原則。教師可以利用這個步驟教導學生更進一步認識聯邦憲法和州憲法。最基本的方式是請學生們讀學生手冊第 77-78 頁的表格 10：「憲法意見表製作說明」並完成表格 11：「憲法意見表」。

h. 學生們的政策提案和憲法意見表必須經過檢查，然後交給任務分組 3，作為專題檔案第 3 部分的資料。

小組模式計畫

1 按照全班模式計畫建議中相同的基本課程規劃，但是採用能讓各小組仔細思考、認真討論不同的政策提案的小組活動，而非全班活動。相較於全班性的討論，透過小組討論能快速的達成對政策提案的共識，成功的關鍵在於教師必須適時監督同學們的提案是否具體、詳細與深思熟慮。教師可以發給每個小組一張大海報紙，來記錄每位學生所提政策的重要元素。

2 當同學們完成各自的政策提案和摘要後，接著要進行並完成任務 3 的各項指定工作。請同學們參考附錄 C13「工作分配：小組模式計畫」表格來確認誰該做什麼事。在結束上述活動後，可能至少需要花一堂課的時間來進行此項任務。

3 教師也可以要學生向全班報告已經完成的任務 3 部分的工作，這樣可以督促同學們不要拖到程序的最後才進行，也可以為同學們設定完成第 3 階段主要工作的期限。向全班同學報告每一項工作，也讓教師有機會給同學們建設性的回饋並能督導整個程序的進行。從這些初始的報告可以看出同學們有沒有認真執行被分派的任務，讓教師得以及時介入提供相關的指導，也可以讓同學們看到其他各組的進行狀況，對他組提出積極的建議或回饋。教師應提出問題挑戰同學們的政策提案、憲法意見表、相關的政府層級和部門、政策提案的成本和可行性，並要學生們在發現問題時，修改政策提案的一些細節。

➢ 延伸活動

　　如果要更深入的分析美國憲法，同學們可以分別組成小型的「憲法專家小組」，針對下列憲法規定中的一、兩部分進行研究，並要每組向其他同學解說該組分配到的部分，重點應放在這個條文禁止政府做哪些事、隨著時代演進這個條文是否有不同的詮釋，以及引用最高法院判例所闡述政府在這些憲法規定下所擁有的權力。最後，每個小組必須決定班級的政策提案有沒有違反這部分憲法規定，以及如何為政策提案的合憲性辯護。

　　以下是憲法意見表列之外，對政府權力的一些限制：
- ·法律溯及既往、人身保護令、不得剝奪公民權利條款
- ·第二修正案
- ·第八修正案中被告的權利
- ·第九修正案
- ·第十修正案

　　學生們必須要能解釋政府從哪裡得到權力來執行他們提案的政策。如果是聯邦政策，同學們必須具體指出哪一條憲法規定授權聯邦政府可以制定這項政策。可以查驗的憲法部分包括：
- ·賦予國會的權力列舉（憲法第一章第八節）
- ·貿易條款
- ·總體福祉條款
- ·必要及適當條款

　　對州政策，同學們必須檢查州憲法，找出其中授權州政府制定執行此項政策提案的條文。對地方、縣市、學區或建築政策，同學們需要查閱該層級政府機關的官方資料，找出授權政府制定執行該政策的條文規定。

➢ 延伸活動

　　在這個階段的課程中，教師可以邀請制定政策的人到班上來，和同學們討論在政府相關單位中如何撰寫政策。也可以邀請學校董事會委員、縣市議員、州或中央的國會成員，以及其他的政策制定者到班上說明他們如何撰擬政策，並分享他們最近撰擬或決議完成的政策實例。這時可以向學生強調政策的撰擬有一定的架構，以及教導學生們在撰擬政策時注意「惡魔就藏在細節裡」。這樣可以讓同學們明白對一項政策的好想法，必須透過特定的書寫方式，才能真正的實現。

　　「美國立法者返校教案」，是由全國州議會聯盟所支持，教師可以參與此教案邀請州立法委員到課堂上討論立法者的角色，幫助同學清楚認識決策制定的過程。

　　如欲參與這個教案，請到「美國立法者返校教案」網站（www.ncsl.org/public/trust/contacts_bsw.htm）和立法機關的協調人員聯絡。

我們的政策大綱

⊙ 負責處理這個問題的政府層級（學校、學區、縣、市、州、或中央）？

_____

_____

_____

⊙ 這個政府層級最適合處理這個問題的原因是：

_____

_____

_____

⊙ 我們提議_____（政府層級）在新的_____

_____政策中，採納這些特定細節：

1. _____
2. _____
3. _____

⊙ 這個政策的優點是：

1. _____
2. _____
3. _____

⊙ 這個政策的缺點是：

1. _____
2. _____
3. _____

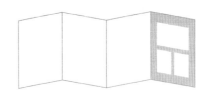

◉ 任務分組 4　擬定行動計畫

課程目標

　　這個部分任務分組 4 的工作是要擬定一個行動計畫，以獲得個人、團體和政府的支持，好讓政府採納並實行班上制定的公共政策提案。這個計畫必須包含所有的必要步驟，同學們要按照學生手冊第 82-83 頁的敘述，在專題檔案中的展示板部分和文件資料夾記錄部分中說明這個計畫。

　　這項任務讓同學們有機會學到一些實際有用的技巧，包括製作正式的文件、陳情書、新聞稿和廣告文件。教師必須決定需要多少時間和如何排定優先次序來學習並使用這些技巧。網路上可以找到一些原則，如有需要，在地的專業人士也可以提供一些幫助。請記住，如果期望學生能有專業水準的表現，一定要先教導他們如何進行。

　　強調這項任務的真實原創性非常重要，如果小組或同學個人希望特定的政策獲得採納，就要實際的擬定和完成這項任務相似的行動計畫。教師還要更進一步決定同學們在這個階段工作的實際可行程度。教師可以要求同學們先草擬出可能獲得政策制定者支持並關注的計畫，但是不須要求同學們實際執行，或者教師也可以建議同學們進行他們在行動計畫中說明的一些步驟。如果教師的目標是要同學們能和公眾互動，並有機會將所擬定的政策提案付諸實現，這樣的做法很有幫助，雖然相較於只是提案而不執行，行動計畫的進行必須花較多時間，卻能提供同學更多自主的經驗。

課程計畫建議

1 暖身問題

　　列出 3-5 項可能讓政府採納執行班上提議的公共政策的行動，想想看要怎麼獲得有力人士或團體的支持、怎麼引起決策者的注意、如何說服他們願意投入一些時間和資源來執行這項政策。

2 討論同學們對暖身問題的答案，把獲得支持的行動列在黑板上。

3 向同學們說明任務 4 的目的。

4 複習「任務分組 4：擬定行動計畫」（學生手冊第 82-83 頁）的各項指示。

5 請同學們按照任務分組 4 的工作指示。擬定一個特定的行動計畫。每位同學都要獨自寫出一項行動計畫讓老師評分，並作為督促學生們各自負責的工具。

6 為能實際執行同學們行動計畫中的步驟，同學們需要上小型的正式文書，例如信件、陳情書、新聞稿等的寫作課程。網路上有如何進行這一類課程的相關活動，如果同學們擬定的行動計畫中需要發新聞稿，可以參考網路上真正的新聞稿作為範本。

7 請同學們寫下各自行動計畫的摘要，老師會在同學們完成任務分組 4 之後加以評量，然後發還同學。

全班模式計畫

現在所有同學都學到了公民行動方案的 4 項任務，教師可以給同學們足夠的時間來進行所分派到的任務小組的工作，以完成最終的班級專題檔案文件資料，並準備公開報告他們的發現。任務小組完成資料檔案所需的時間，會依據在前面的各步驟中已經完成了多少工作來決定，有可能要給同學們很多時間來進行小組任務。

小組模式計畫

給同學們時間分組進行任務分組 4 的各項工作，包括學生手冊第 82-83 頁中說明的資料檔案的各個組成部分。同學們完成工作時，專題檔案也就隨之完成，可以向大眾公開成果了。這時教師可以讓同學們在班上先進行任務分組 4 的簡報，同學們也需要再花一些時間整理檔案資料夾，讓最終有更高品質的成果呈現。

➤ 延伸活動：利害關係人 [2]

　　這裡的「利害關係人」是指會受到班上提議的政策影響的人，這項活動能幫助同學更深入認識會受到提議的政策不同影響的人們，進而能分辨他們會支持還是反對這項提議。在起草行動計畫之前先清楚知道利害關係人很重要，知道利害關係人才能有效率的針對支持或反對班上政策提案的團體設定工作目標。

1. 協助同學們找出並瞭解 4 組不同利害關係人，這是行動計畫中重要的第一步。同學們必須知道有哪些利害關係人，才能在將政策提案交給立法者之前，先爭取他們的支持。利害關係人對要處理的政策有直接的利益，或是會直接或間接受到這個政策的影響。解決社會問題的方案常常來自於合法的對立利益間的妥協。利害關係人有下列數種可能的型態：
   - 直接受益者：會直接從這個政策獲得一些東西的個人或團體，例如：在校學童或退休人士直接從社會福利中得到好處。
   - 獲利者：是指會從和這個政策相關的合法事業中，獲得財務上利潤的個人或團體。例如：受聘僱蓋一間新學校的工程承包商或建設公司。
   - 間接受益者：是指不是這個政策直接針對的目標，但也能夠享受到這個政策帶來的一些好處的個人團體，例如：企業的老闆因為公立學校使員工能具備良好的教育而受益。
   - 對立者：是指因為某些理由而反對這項政策的個人或團體，包括哲學或理念差異、政策造成財務影響等原因。

2. 請同學們針對每一種利害關係人舉例說明，討論到大家都明白為止。教師可以用最近的政策提案做例子，讓同學們明白每一項政策都會產生各類的利害關係人，可以運用的例子包括：健保改革以及增加公共教育經費。

3. 請同學們表列會受到這個政策影響的每一種利害關係人，每一個項目至少要找出一個個人或團體。

4. 請同學們擬定一個和各個利害關係族群有一定程度相關的行動計畫。如果是全班同學進行同一個方案，可以將同學分成小組，針對每一種型態的利害關係人制定不同的行動計畫。如果班上是分小組進行不同主題的專案企劃，每個小組可以再按照各個族群的利害關係人分組，讓每一個族群在各團體的行動計畫中都不缺席。

2　摘錄自凱特麗‧卓克斯勒、葛文‧加爾賽隆所著《積極公民的策略》，第 34 頁（Drexler, Kateri M., Gwen Garcelon. *Strategies for Active Citizenship*. Upper Saddle River, NJ: Pearson Prentice Hall, 2005, p. 34）。

➢ 延伸活動

　　由同學擬定一連串的公民小組行動，讓政策提案獲得民眾支持。這個活動可以幫助同學們發展適當的行動計畫，以合理的行動獲取政府的關注，並能支持同學們的政策提案。同學們要知道公民不服從和其他的抗議行動在美國的民主政治中都有重要的地位，但是必須是已經用盡其他的方式都不能達到結果時才能採取的最後手段。

1. 將下列行動寫在黑板上，同學們要一一檢視各種行動，並準備向全班同學報告說明其中之一。同學們可能需要針對這些行動，利用網路、字典、教科書、或其他資源進行一些研究，教師可以分派給各小組一項行動並向全班說明。
   - 寫信給政府官員
   - 參加公共會議並提議更改政策
   - 親自遊說政府官員
   - 舉辦公共會議，讓政策提案得到支持
   - 邀請人民簽署請願書
   - 抵制特定企業或政府機關
   - 對特定政府政策或行動進行示威抗議
   - 練習公民不服從

2. 在教室前方黑板的左側寫下「第一步」，右側寫下「最後手段」。

3. 一旦同學們在團體中開始讀這些策略，請每個小組到前面來，在黑板上寫下他們的策略，並說明他們將如何運用這個策略讓提案的政策獲得支持。同學們要決定該組的策略應該寫在「第一步」到「最後手段」之間的哪個位置（請參考下述「連續策略」）。在黑板上劃一條線，向同學們說明：遊說、寫信應該是屬於最先的策略，而公民不服從和抗議則是其他方式都已用盡的最後手段。這是介紹一堂歷史課的好時機：討論 1950 年代到 1960 年代的美國公民權利運動，特別說明當時南方的非裔美人從「第一步」開始爭取公民權利，歷經近百年仍得不到想要的結果，最後訴諸公民不服從和抗議行動，成就了今日和大多數美國人息息相關的民主運動。

4. 請各小組一起，依據找出來的利害關係族群和今天學到的各項策略，擬定一個具體的行動計畫。

為使政策得到支持的連續策略

第一步

- 書信
- 請願
- 公共會議
- 遊說
- 接觸大眾媒體和發新聞稿

最後手段

- 抗議
- 示威
- 公民不服從
- 抵制

➢ 延伸活動

　　邀請當地的立法者到班上，回答同學們請教關於怎麼樣的行動可以最有效的獲得他們注意的問題。同學們必須在立法者到來之前，先列出一些對行動計畫的想法。當立法者出席時，同學們要請問他們這些想法會不會獲得他們的青睞，並能讓政策提案得以執行。教師可以邀請立法者討論成功獲得他們關注，並且提議的政策得以確實執行的公民團體的實例，這些團體可以成為班級或小組為政策提案成功擬定行動計畫的範本。

步驟5　在模擬公聽會報告專題檔案

課程目標

　　在學生們完成資料檔案後，就要預備在公聽會中向與會者報告成果。最後的簡報往往是同學們在進行整個公民行動方案的經驗中，最難忘也是最有活力的部分。教師必須依照學習的目標和社區內既有的資源，來決定要讓同學們進行哪一種形式的公聽會。不論最後是選擇哪一種公聽會形式，都必須讓同學們獲得公民如何參與公聽會的真實經驗，模擬公聽會的進行方式與立法機關或行政機關舉行公聽會時，發言者或專家陳述意見的方式相類似。

　　學生手冊中有進行模擬公聽會的指導原則，包括報告的時間必須限制在 10 分鐘以內。這些指導原則是要協助教師安排管理公聽會的流程，屬於建議性質而非硬性規定或要求，可以依據實際的狀況做必要的修正，教師不需要被這些指導原則、建議拘束或限制，可以按照教師與學生們的實際情況做最好的安排。

　　這個步驟提供教師教導學生許多實用課程的機會，包括對公眾演說的技巧。教師可能也會想讓學生們知道當地的政策制定者在何時、何地舉行公聽會，提醒同學們這些都是公開的會議，有關美國憲法第一修正案中「向政府請願救濟的權利」的課程也適合在這裡進行。

　　教師可以利用本手冊第 74 頁附錄 A7 中有一份「給社區領袖的信」來徵求自願參與者，這封信中對社區領導人的提問包括他是否能夠：(a) 協助同學進行研究；(b) 對學生有興趣的主題提供資訊；(c) 聽取學生們的簡報；(d) 到課堂上協助同學們瞭解某個方面的政策或政府部門。教師也可以依需要修改信中的內容。

　　本手冊第 101-102 頁附錄 B6「給評審委員的信」，可以提供給政策決定者或其他願意擔任公民行動方案評審人員。

以下還有一些對最後這一場公聽會的建議：

模擬公聽會

教師邀請社區成員來聽取學生簡報並給同學們回饋，邀請的社區人士可以是當地對公民事務有興趣且願意扮演政策決定者角色的人，而具專業或決策權力者會是最佳的人選。模擬公聽會可以在學校、當地社區或政府機關的場地舉行，並且應該要對大眾公開。這種形式最適合提案數量少的公民行動方案專題，可以讓每個簡報都有充分的時間進行。

實際公聽會

教師或學生們可以要求排入實際的官方會議議程，例如：學校董事會、市議會、縣市政府委員會或議會、立法院或其他政策決定機關的例行會議。學生們應該在會議上提出製作的資料檔案，讓提案有機會被這些有政策決定權的官員採納。

學生的工作成果展示

學生們向公眾、評審和政策決定者，以「歷史上的一天」（History Day-type）[3]的方式呈現所製作的資料檔案。學生們可以就專題檔案進行多方對話，但是不要在大量的群眾面前報告。例如，學生們可以在學校或圖書館中展示專題檔案，邀請大眾在特定的時間前來討論學生的工作成果。在同時有好幾個小組研究不同的問題時，這個方式特別有幫助。

◆替代活動

學生們設立一個網頁，鼓勵瀏覽網頁的政策決定者或社區成員在網頁上發表意見。學生們可以和無法與他們面對面的政策決定者進行電話或視訊會議。這種方式最適合偏遠地區學校的學生，以及提出的政策方案是由中央政府層級負責處理的狀況。

---

3 詳網站 https://www.nhd.org/。

課程計畫建議

1 暖身問題

為了讓學生們提出的政策方案能夠實現，應該要向哪些政策決定者提出專題檔案呢？如何讓這些政策決定者願意聽取同學們的提案呢？

討論學生們對這個暖身問題的答案，並討論和當地政策決定者接觸的重要性，以及美國人民依據憲法所享有的「向政府請願救濟的權利」。

2 瀏覽公聽會的各項目標。參考學生手冊第 86 頁的「A. 模擬公聽會的目標」

3 瀏覽學生手冊第 86 頁的「B. 口頭報告」和第 87 頁的「C. 提問」兩部分，如果教師選擇不同的形式或是不同的時間限制，要向學生們說明公聽會的形式為何，提醒學生們：不論採用哪一種形式的公聽會，最好都要保持報告簡明扼要，才不會讓與會者失去注意力或覺得混淆不清。

4 瀏覽學生手冊第 87-89 頁的 D、E、F 和 G 部分，讓學生們清楚瞭解即將出席報告的公聽會，如果有之前學生們出席公聽會的影片，在這時播放給學生們看，是有助益的。可以鼓勵學生利用其中分別就各個部分列出的評審標準來評量先前的簡報，使他們瞭解當他們自己在做簡報時將會被如何評量。

5 給學生們足夠的時間練習報告專題檔案。在對外公開發表之前，教師或許需要在班上進行多次的公聽會演練，並在每一次演練後都給學生們建設性的回饋。

步驟6 經驗回顧

課程目標

　　乍看之下，公民行動方案好像都是關於程序和過程，參與這項活動似乎沒有太多內容上的收穫。進行到這個步驟時，同學們應該明白許多公民行動方案的內容，其實是隱含在同學們完成行動方案的各項任務經驗之中。

　　要求同學們進行經驗回顧，會讓所獲得的知識和經驗的價值顯現出來，舉例而言，藉由這樣做，同學們可以瞭解他們實踐了許多民主國家的公民權利及責任。同學們也會期望政府官員按照民主原則行事，瞭解公民社會的重要性，並認識地方和中央層級政府機關的角色和職責。這個步驟讓同學們回顧並記錄這些知識與經驗，做成報告後放在其所製作的檔案資料夾的最後一部分（第 5 部分）。

課程計畫建議

1 暖身問題

　　從公民行動方案中，你學到最重要的事是什麼？

　　討論同學們對暖身問題的答案。把同學們提到的事項列在黑板上。

2 請同學們讀學生手冊第 90 頁步驟 6 的「課程目標」，並進行討論。

3 討論學生手冊第 91-93 頁的「A. 批判性思考練習：確認公民行動方案的部分內容」，將同學分成 4 個小組來完成這項練習。

4 可以請每位同學以課堂的討論為基礎，寫一篇深思後的「回顧報告」。同學們必須按照 A 部分對書面報告的指示來完成這篇報告。

第四章　公民參與在民主國家的重要性

課程目標

　　最後這個步驟的目標是要幫助同學們瞭解為什麼公民參與對民主國家而言是重要的，同學們要討論在民主國家裡，參與的重要性、人們該如何參與，以及低度的公民參與可能會產生的後果。

課程計畫建議

1 暖身問題

　　你認為公民參與政府運作重要嗎？為什麼重要或為什麼不重要？如果更多人能用我們公民行動方案中的方式參與政府運作，我們的國家會更好嗎？
　　討論同學們對暖身問題的答案，鼓勵大家思考在一個民主政體中，拒絕參與政府運作會產生的後果。

2 請同學們讀學生手冊第 95 頁第四章的「課程目標」部分，並加以討論。

3 和同學們一起複習學生手冊第 96 頁的「A. 分組活動：檢驗民主國家中公民的角色與責任」，將全班分成 3 個以上的小組，分派每組一個問題來進行這項活動。

◆替代活動

　　利用合作學習方式進行這項活動來替代全班討論，把班級分成 3 個「專家小組」，每個「專家小組」各負責一個 A 部分的引文及問題，每位同學要先加入其中一個「專家小組」。在小組完成討論之後同學們重新分組，讓每個小組中都有來自 3 個專家小組的成員。在新的小組中，每位同學都要說明他們在原先「專家小組」所提出的看法，以引領同學們充分瞭解這 3 個引文。

➢ 延伸活動

　　可以指派同學們寫一篇簡短的報告，說明自己最認同哪一段引文，爲什麼？也可以請同學比較和對照這 3 段引文。

4 和同學們一起瀏覽學生手冊第 98 頁「B.民主國家中的公民角色」，請同學們回顧這次公民行動方案的經驗，來準備進行「C.批判性思考練習」。

5 和同學們一起讀學生手冊第 98 頁「C.批判性思考練習」，請同學們用學生手冊第 100 頁的「你有什麼想法？」表格來完成這項活動，並請同學把這次回答的答案和剛開始進行公民行動方案時在步驟 1 所做的回答相互比較。

6 和同學們一起讀學生手冊第 99 頁的結語，恭喜同學們完成了這一項艱難密集的學習，強調他們所學到的技巧和知識，對於未來作爲民主國家的公民而言是重要的。

附錄

備註

如爲執行這個計畫，附錄中的各表格都可以複製使用。

表格和講義同時登載於 www.civiced.org。

附錄 A

給教師的建議

A1 關於分組工作和合作學習的建議

公民行動方案課程為學生們提供了一個機會，透過分組合作的方式完成一項共同目標，來增進其公民參與技能。如何分組可取決於班級規模、學生的學習表現和個別的團體動力（group dynamics）等因素而決定。以下這些分組模式是以前許多教師運用成功的建議方式，你可以按照班級情況選擇適合的模式，為學生創造一個有成效的合作學習環境。不論你選擇哪一種分組模式，你必須帶領全班同學一起完成本書的第一章、第二章及第三章的步驟 1-3，然後才將他們分成不同的工作小組，進行資料檔案夾的製作。讓每位同學一一參與這 4 個主要的任務非常重要：「說明問題」、「評估可以解決問題的各項可行的政策」、「發展一項可以解決問題的政策」以及「擬定一項行動計畫，以影響政策制定者，願意採納班級提議的公共政策」。在同學們一起完成上述任務後，才將班上分成 4 個小組，每組負責完成一項任務的資料檔案的製作。

全班級模式計畫

這個模式是讓全班同學處理同一個問題，直到製作專題檔案時才進行分工。這個模式強調建立共識和團隊合作，最適合小型、研究能力以及寫作技巧較為不足的班級。

優點

- 發揮高度團隊精神。
- 全班討論、說明和辯論的機會。
- 教師可以給予較多的具體建議以及研究上的協助等。
- 全班同學就同一個問題可以進行更深入的研究。
- 比較容易安排模擬或實際公聽會的時間。
- 講解代議民主制度中公民參與的原理和價值。

缺點

- 全班不容易對研究的問題及班級的政策提案達成共識。
- 不容易讓每位同學都積極參與並對自己的工作負起責任。
- 分工及責任的調配可能成為教師的工作，而非由學生們自己決定。
- 如果班級人數超過 20 人，每個文件資料檔案工作小組人數就會過多（每個小組超過 5 位成員）。

如果選用這項模式，請參考本書「全班式模式計畫」中的各項技巧。

小組模式計畫

　　這個模式是將一個大的班級分成小組，各組研究不同的問題並製作他們自己的資料檔案夾。這個模式強調的是學生個人的責任和選擇，最適合學習程度較高的學生和較大型的班級。

可能的分組方式

　　其中一種分組方式是讓同學們個別進行本書的第一、二章和第三章中的步驟 1，鼓勵學生在選擇小組成員之前，先瀏覽搜尋個人關心的公共政策議題。在學生手冊第 45 頁「步驟 2：選定班級要研究的問題」中，幫助學生們找到關心類似政策問題的人，並鼓勵他們組成小組，而非依照平時的交情；或者你也可以指派小組成員，讓每個小組都有不同優勢的成員來貢獻心力；又或是讓學生一開始時先自行分組，再請各組對要研究的主題達成共識。

優點

- 每位同學都能選擇想研究的問題、跟誰一起研究，以及其他進行這項方案的要件，可以讓大多數的同學更心悅誠服的投入活動。
- 每位同學有各自的責任。
- 同學們能從其他人的報告中學到其他的議題。
- 不管班級多大都能組成容易運作的規模的小組。

缺點

- 教師不容易察覺各組的進度，也較不容易對特定研究來源給予建議。
- 組別多，不容易安排協調各組的公聽會或報告的時間。
- 每一組成員人數少，致使單一主題的研究深度受到限制。
- 雖然會有小組的團隊精神，但可能無法形成全班性的團隊精神。

　　如果選用這個模式，請參考本書「小組模式計畫」中的各項技巧。

A2 為班級課程的進行建立進度時間表和計畫

　　依照高中課程安排，公民行動方案每週需要約 4-5 個小時的課程時間，和 4 個小時的回家作業時間，整個方案至少需要 4 週才能完成。如果教師覺得這個學期（年）沒有時間可以在平日的課程中排入一項新的規劃，請記得公民行動方案是關於公民參與的綜合課程，不是外加的課程，因此可以用來替代同主題的相關課程。基於研究的深度和最後必須進行真正的公聽會報告，學生們和教師幾乎都會希望能有比實際進行所需更多的時間。不論如何，6-9 週的課程一定會帶給學生們收穫豐盛的公民行動方案經驗。

進度時間表範例

　　以下的進度時間表是根據高中課程安排方式，每週全班一起上 4-5 小時的課，加上大約 4 小時的回家作業。在課程安排上，這些規劃都可以依據學生實際時間的多寡來修正。

　　教師們必須特別留意進行步驟 3 需要花最多的時間，包括從各種來源蒐集相關且適當的資訊，再加以分析、整理的冗長過程，還有製作行動方案 4 個部分的展示板和檔案夾也要相當的時間。前面的 3 個步驟組成了公民行動方案的「心臟」，必須安排足夠的時間才能確保成功。

4 週課程進度安排
　　第 1 週：進行第一、二章和第三章的步驟 1（介紹公民行動方案和公共政策，並選定一個要研究的問題）。
　　第 2 週：步驟 3 和步驟 4（研究問題、分析整理資訊，和規劃專題檔案）。
　　第 3 週：步驟 4（完成專題檔案的 4 項任務）。
　　第 4 週：第三章的步驟 5 和 6 及第四章（在公聽會中報告以及回顧學習心得和經驗）。

8 週課程進度安排
　　第 1 週：第一、二章（介紹公民行動方案和公共政策）。
　　第 2 週：第三章，步驟 1、步驟 2（確認社區中和公共政策相關的問題，並選定班級要研究的問題）。
　　第 3 週：步驟 3（從不同來源蒐集班級選定要研究的問題的相關資訊）。
　　第 4 週：步驟 4（繼續蒐集、分析、整理各種資訊）。
　　第 5 週：步驟 4（全班討論，規劃專題資料檔案的 4 個部分）。
　　第 6 週：步驟 4（小組分工完成專題資料檔案的 4 個部分）。
　　第 7 週：步驟 5（演練並在模擬或真正的公聽會中報告）。
　　第 8 週：第三章的步驟 6 和第四章（回顧學習經驗）。

A3 公民行動方案的工作計畫表

1. 調整公民行動方案使其合乎你的標準和目標，並確認主要目的

舉例而言，你的目標有公民教育、團隊合作、研究和報告技巧、社會變遷與自我學習。教師必須在開始進行這項專題之前，先確認主要的目的。例如，如果主要目的是公民教育，規劃用來介紹美國的政治體系和公共政策的課程時數就要多於團隊合作；如果主要目的在於增進學生的研究和寫作技巧，在這方面的課程時數就要多一些，教導關於政府知識的課程時數就少一些。

2. 訂定進度表

參考上一頁建議的課程進度安排，按照實際的狀況修正，或是建立自己的進度表。

3. 聯絡社區領袖

使用本手冊第 74 頁附錄 A7「給社區領袖的信」來邀請社區領袖參與這項課程，也可以修改這封信或是自己寫一封信，邀請他們參與學生們的公民行動方案學習歷程。這是獲得社區支持的好方法。在課程初期就發出這樣的信很重要，可以讓有興趣的社區領袖有足夠的時間安排規劃參與的行程，在適當的時間出席。

4. 預定期末成果報告的時程

教師必須先訂好行動方案專題的最後完成日，並訂出以模擬公聽會來進行期末成果報告的日期，這會成為促使學生們認真進行的動機。同時，在課程開始時就預先排入會議的議程、預約公聽會場地，以及安排觀察員的時間都很重要。

5. 規劃每天的課程

規劃小型的課程，來教導學生們在進行公民行動方案每個階段所需的特定知識和技巧。本書提供的課程計畫可供你直接採用，或是按照學生們個別的需求加以調整。

A4 建立學生公民行動方案評量表

　　有很多方法可以評量學生們在整個公民行動方案課程中，究竟掌握了多少你希望他們學到的知識和技巧。你可以製作一個表格，列出學生們應做到的事項作爲評量方法，這些事項必須以運用公民行動的環境爲基礎，下面幾頁列出在高中課程安排中對學生的評量建議。你可以根據各班級的需要及每位學生不同的程度來變更調整附錄 A5「學生評量單和工作進度表」（本手冊第 69-72 頁），並在開始進行這個專題時就發給學生一人一份。學生們如果對評分、期限有疑義，可以隨時參考這張表格，幫助他們在公民行動方案中負起自己的責任。學生們也可以在表格上記錄自己的分數。

　　教師應檢查學生們每天完成的工作，確保學生們適當分工合作的成果。

　　教師可以提供本手冊第 93-94 頁的附錄 B3「公民行動方案專題檔案評量表」給每位協助評量學生們工作成果的人士。這個表格中的評量項目涵蓋文件資料夾的每一項任務和每個小組在公聽會進行的簡報。你可以用這個評量表作爲要求學生掌握每項目任務的標準，也可以再依照專題的個別工作需要來增減評量的項目。

A5 學生評量單和工作進度表

　　這個工作表可以幫助教師確保每位學生瞭解制定公共政策過程的每一個步驟，請用下列各項目對每位學生個別進行評分：

1. 公民行動方案日誌

指示

請學生製作工作日誌，日誌中應包括下列各事項：

⊙每一個暖身問題的答案。

⊙每一課的進行筆記，包括課程討論、閱讀和授課內容（學生們應該每一項都做筆記）。

⊙完整的工作列表和組織圖表，包括：

　表格 2：「對社區問題制定公共政策和公民社會解決方案」

　附錄 C3：啟動機制

　附錄 C4：分析問題的重要性

　附錄 C5：公民行動方案研究提示

　附錄 C6：研究計畫

　附錄 C9：專題檔案任務工作表

　附錄 C14：自我評量表

　附錄 C15：各項可行替代政策摘要

　附錄 C18：班級公共政策提案

　截止日期：＿＿＿＿＿＿＿＿　分數：＿＿＿＿＿＿

2. 延伸活動

美國政府的 5 個基本概念的相關文章範例的書面摘要（本手冊第一章，第 16 頁）。

截止日期：＿＿＿＿＿＿＿＿　分數：＿＿＿＿＿＿

3. 表格 1：參與民主政治

（學生手冊第一章，第 19-20 頁）

截止日期：＿＿＿＿＿＿＿＿　分數：＿＿＿＿＿＿

4. 表格 2：對社區問題制定公共政策和公民社會解決方案

（學生手冊第二章，第 31 頁）

截止日期：＿＿＿＿＿＿＿＿＿＿　　分數：＿＿＿＿＿＿

5. 公共政策專文的資料檔案（第三章，步驟 1）

指示

請同學交一份關於公共政策議題的 4 篇專文的書面報告。

⊙包括：1 頁封面、定義什麼是「公共政策」，以及基於如步驟 4 所示的「啟動機制」：範圍、集中度、持續時間和資源，說明就這個公共政策問題而言，4 個專題中哪一項最重要，並說明你用到了哪些新的來源、你的偏好和理由。

⊙每一篇專文都必須具備批判性思考架構，包括：日期、作者、出處來源、標題、主要思想，以及你對這篇文章的疑問。

⊙按照 4 項啟動機制，分析每一篇文章。

截止日期：＿＿＿＿＿＿＿＿＿＿　　分數：＿＿＿＿＿＿

6. 問題摘述（第三章，步驟 2）

指示

寫一份你的小組要研究問題的摘要，其中應包括以下各事項：

⊙用「應不應該」來陳述主題（例如：「賣冰淇淋的攤販應不應該賣玩具槍的 BB 彈給小朋友？」）。

⊙簡述你對這個問題的認識，以及你怎麼發現這個問題。

⊙詳細說明這個問題的範圍、嚴重程度、持續時間，以及相關資源。

⊙說明為什麼這個問題是屬於公共政策的範疇，以及為什麼政府應該要介入解決這個問題？說明政府的目的，以及為何這是屬於政府的工作。

⊙詳細解說現有的政策、這是屬於哪一個層級的政府部門的責任範圍，以及這個政策的問題。如果目前並無相關的政策；或是已有適當的政策，但是卻沒有確實的執行，也請加以說明。

⊙對現有政策支持與反對的個人或團體，對這個問題所採取的立場。

截止日期：＿＿＿＿＿＿＿＿＿＿　　分數：＿＿＿＿＿＿

7. 對任務 1「問題」的工作成果（第三章，步驟 3 和步驟 4）

指示

繳交進行任務 1 的工作成果。

截止日期：＿＿＿＿＿＿＿＿＿＿ 分數：＿＿＿＿＿＿＿

8. 各項可行的替代政策的分析（第三章，步驟 4）

指示

寫出 3 項不同的替代政策的書面摘要（每個政策至少要寫一段），每個政策包括：

⊙政策摘要：這個政策如何確切的處理這個問題？

⊙這個政策和哪一個政府層級或部門最相關？

⊙這個政策對處理該問題的優點。

⊙這個政策對處理該問題的缺點。

截止日期：＿＿＿＿＿＿＿＿＿＿ 分數：＿＿＿＿＿＿＿

9. 任務 2「各項可行的替代政策」的工作成果（第三章，步驟 4）

指示

繳交進行任務 2 的工作成果

截止日期：＿＿＿＿＿＿＿＿＿＿ 分數：＿＿＿＿＿＿＿

10. 你的政策提案（第三章，步驟 4）

指示

就你提議的政策，寫一份大約 1 頁的摘要報告，其中應包括：

⊙政策摘要，並詳細說明這個政策將如何確切的處理這個問題。

⊙必須執行這個政策的主要政府層級和部門。

⊙你的政策的優點和缺點。

截止日期：＿＿＿＿＿＿＿＿＿＿ 分數：＿＿＿＿＿＿＿

11. 表格 11：「憲法意見表」（第三章，步驟 4：學生手冊第 79-80 頁）

指示

寫一份書面報告，說明你提議的政策不違反州憲法和美國憲法的規定，其中應包括：

⊙至少參考兩項美國憲法或憲法修正案的特定條款，並說明為什麼你的政策並沒有違反這些條款或修正案。請把重點放在與你的政策相關的條款，或者你的提案有可能會違反的條款。如果你提的是屬於聯邦的政策，說明是哪一條憲法規定賦予聯邦政府權力來執行這項政策。

⊙至少參考兩項州憲法或州憲法修正案的特定條款，並說明為什麼你的提案並沒有違反這些條款。請把重點放在和你的政策相關的條款，或者是和你的提案有可能會有衝突的條款。如果你的提案是屬於州的政策，說明是哪一條憲法規定賦予州政府權力來執行這項政策。

截止日期：_____　　分數：_____

12. 任務 4：「行動計畫」（第三章，步驟 4）

指示

寫一份你那一組如何執行政策的計畫摘要，其中應包括：

⊙如何獲得社區中的個人或團體支持的計畫，包括：針對特定的支持者及潛在的反對者。

⊙如何獲得政府支持你提出政策的計畫，包括：對特定可能支持或反對的政府官員或部門。

⊙你的政策提案如何成為公共政策的程序，包括：如何讓適當的政府層級和部門進行政策制定的特定細節，以及每一項讓你的提案成為公共政策的必要步驟。

截止日期：_____　　分數：_____

13. 公民行動方案的最終報告（第三章，步驟 5）

指示

將提案呈現給有權力實現你的提案的政策決定者，或是學校和社區成員。

截止日期：_____　　分數：_____

14. 經驗回顧報告（第三章，步驟 6）

指示

寫一篇報告說明美國公民、非公民，以及政府官員和非政府機構的人員，對實現這項公民行動方案的任務相關的各項權利義務。

截止日期：_____　　分數：_____

A6 運用志工和社區資源

運用志工

建議你請志工協助學生完成製作班級專題資料檔案的任務。志工可能是家長、社區中的長者、教師助理、青年組織領袖，或其他有公民意識的人士。志工們可以就學生們思考的問題和想法分享實際的生活經驗，以指導和回應問題的方式來增加同學們的實務經驗，並和同學們建立長遠的關係。這些志工必須在整個行動方案的課程中能隨時聯繫，可以透過電話或親自聯絡來回應所遇到的問題或議題。

分析地方性的公共政策問題

如果志工是屬於地方上關心公共事務團體成員，可以幫助同學們提升對社區中已經有爭議的公共政策問題的意識。在分析政策過程初期（第三章的步驟 1 和步驟 2）時，邀請地方關心公共事務團體的成員和你的學生們對談，可以擴展學生們對問題認識的廣度，能更順利的從中選出一個問題來研究。

州立法機關的成員

全國州議會支持贊助美國立法者返校計畫，這計畫讓教師可以邀請參與州立法者到他們的教室，和學生面對面討論立法者的角色，並幫助學生瞭解政策制定的程序。

參與這個計畫，請和各州的立法機關聯絡。並請上美國立法者返校計畫網站（www.ncsl.org/public/trust/contacts_bsw.htm）查詢相關資訊。

○○○您好：

我寫這封信是想讓您知道並邀請您參與我的學生們正在進行一項有趣的公民教育課程。公民行動方案是促進以成熟、負責的態度參與地方、州和聯邦政府運作的正規課程。這項課程協助年輕人學習如何監督和影響公共政策。在課程中，年輕人會學到支持民主價值和原則，學習包容，並能發展對政治效能的情感。

分成小組的學生們會分工合作找出社區中和公共政策相關的問題。他們對這些問題加以研究，並評估所有可行的替代解決方法，自行發展公共政策的解決方案，訂定一個行動計畫，列出所有可能採納這項政策提案的地方、州和聯邦政府當局。同學們將工作成果製作成一個文件資料檔案夾，並以公聽會方式向社區中有公民意識的人士或決策者呈現其政策提案。

期待您的參與！當學生們研究所選的議題並尋找各種替代解決方法時，他們可以向您請教相關問題。如果有我的學生和您聯絡，請協助他們獲得所需的資訊，他們同時也要學習如何進行有效的研究和溝通。學生們必須找出現實生活中真正存在的公共政策問題，因此他們可能會請問您具有爭議性的問題，或是您會採取強烈立場的問題。請您記得這個方案的焦點是要藉著參與政府的運作，灌輸同學們公民所需具備的民主技巧和責任。您對這些學生而言是社區領導人，也是公民角色楷模，請務必支持、鼓勵，和教導學生們如何成為積極活躍的公民，即使這需要考慮挑戰現有的政策。

當他們完成研究和分析時，學生們會找出哪個層級的政府機關或部門有權力實現他們的政策提案。接下來，同學們要安排向政策決定者報告，這是這個方案課程中最值得紀念和影響最深遠的階段，學生們絕對不會忘記在學校董事會師長、市議會，或其他公民團體面前報告自己想法的經驗。為了有效的進行，我會預先排定各個小組的學生們在同一次會議上，分別向您提報他們的政策提案的時間，或是貴機構單位可以派代表到我們學校來聽取學生的報告。隨著方案的進行，我會再跟您確認細節。

最後，我想邀請您在同學進行這個公民行動方案課程時到我們的課堂中。如果您有時間向同學們介紹您的工作、和我們討論現有的公共政策問題、解說公共政策是如何被決定的、您的單位或政府體系的組織結構，或是幫助同學們進行研究，請和我聯絡。您的參與對我們課程的成功進行是極為重要的，期待和您合作。如果需要進一步關於公民行動方案的資訊，請參閱下列的網站：http://www.civiced.org/project_citizen.php。

_____（教師姓名）

敬上

A8 將公民行動方案課程成功納入高中教學的5個訣竅

1. 為學生規劃課程架構與分配責任

- 課程一開始就給學生進度表並遵守進度。
- 每天都有迷你課程與任務報告。
- 讓同學們知道他們的成績是根據對行動方案每個步驟的熟練程度，檢查同學們是否完成每天的任務。

2. 讓學生有很多選擇

- 小組成員。
- 研究的問題。
- 製作專題的格式。
- 向誰報告。

3. 提供學生參與公聽會的機會

這有助於激勵同學們完成值得引以為傲的工作成果，這是整個課程中最令人難忘、最能發揮個人潛力、成就感最高的部分。

4. 要給整個行動方案安排充裕的時間

- 每項任務至少有一個星期的作業時間，還要加上介紹公共政策和演練報告的時間。
- 一定要演練、演練、再演練如何進行正式的簡報！
- 聽取同學的任務回報後，提供完成任務的截止時間，讓同學們自行決定如何完成所做的方案。

5. 注意事項

- 探討社區的問題應具有相當的敏感度。
- 教導學生如何提案修改政策且不會讓人感到被冒犯。
- 避免一再重複要求政府官員提供相同的資訊。

簡介

在選擇一個公共政策問題時，學生們很容易選出範圍太大且抽象的問題。這會使它很難聚焦在一個議題上，也很難將所蒐集到的資訊加以分門別類。最有效率的政策議題必須能和學生們生活的社區相連結，或是直接影響他們的生活。議題越具體，學生們越可能找到相關的資訊，並能貫穿在行動計畫中。

目標

在這一堂課的最後，學生們必須能夠看見他們的公共政策問題可能包含很多面向，找出他們所選擇政策問題的原因和影響，將班級的問題聚焦在可以掌握的主題上。

所需時間

一堂課。

所需教材

- 影印發給全班學生附錄 A10「聚焦我們的公共政策問題工作表」（本手冊第 79 頁）。
- 每一組一張海報大小的紙張。
- 提供製作海報所需的用品。

程序

1. 介紹學生們聚焦公共政策問題的概念。說明我們處理很多議題面臨較大的困難，是因為它會影響很多人。目標是要檢視問題的各個部分，從其中選出和學生們最接近的部分。例如說，如果學生們選了「肥胖」是政策的問題，之後會發現很難找到研究的焦點。如果能將這個題目更具體化，像是「小學生吃太多垃圾食物以致危害他們的身體健康」，或是「小孩子運動不足」，你的班級就能夠更有效率的聚焦進行工作。

2. 請同學們填寫附錄 A10「聚焦我們的公共政策問題工作表」[1]，在表格中列出同學們的政策問題並找出導致問題的原因、次問題和影響。請參考下面的例子：

問題－犯罪

原因	相關問題	影響
酒精 搶劫 槍枝 毒品 貧窮	傷害 入室竊盜 死亡 虐童 偷竊 到商店順手牽羊 劫車	怕出門 醫療費用 缺乏價值感 保險費提高 同儕壓力 校園中的破壞行為 害怕到城中的某個地區 心理疾病 商家生意失敗 學習成效不彰

3. 同學們完成工作表後，請他們報告其想法，把大家的想法記錄在海報紙、黑板或投影片上，讓每一位同學都看得到。

4. 接下來，將同學們分成小組，選擇工作表中的一項原因、影響或次要問題，來進一步聚焦選擇。

5. 每組學生在海報紙上製作一份合作工作表，貼或掛在教室裡，並利用各種方式讓海報更具視覺吸引力。請參考上述的範例，從較大的主題「犯罪」問題中聚焦想要研究的議題。

問題－校園中的破壞行為

原因	相關問題	影響
幫派 不良行為 缺乏成人監督	酒精 搶劫 槍枝 毒品 霸凌	在校沒有尊嚴 學生情緒低落 行動自由受到限制 低出席率 害怕上學 支出維修費用 教育經費減少 缺乏價值感 保險費率增加 同儕壓力 害怕到城中的某個區域 學校學習成效不彰

---

[1] 附件由美國加州伯班克 Joaquin Miller 小學的 Tobi Dattilo 老師提供。

6. 當學生們完成海報後，請各組輪流分享該組的想法。

7. 張貼這些海報，讓學生們從其中選出最適合全班一起研究的問題，這個步驟可以留到隔天進行，讓同學有機會思考該如何選擇。要讓同學們有機會表達支持或反對某個特定問題，這也是讓全班建立共識活動的一部分。

問題討論

1. 你覺得相較於一開始太大且抽象的問題，這個聚焦後的公共政策問題研究起來會比較簡單還是困難？為什麼？
2. 所選出來的問題還有沒有其他可能的選擇？如果有，這代表什麼？
3. 進行這兩項活動之後，你對於這個問題的想法，有什麼不同？

A10 聚焦我們的公共政策問題工作表

簡介

在公民行動方案中，一個非常複雜的公共政策問題很難用單一的政策提案來解決，為避免這樣的狀況發生，你必須聚焦問題。藉由這份工作表，你可以分析班上決定要研究的政策問題。你需要決定這個問題的原因、對其他人造成的影響，以及問題的組成要素。請準備和全班學生分享一些自己的想法。

在下面的格子裡寫下問題：

學生姓名：	日期：
問題	

原因　　　　　　　　相關問題　　　　　　　　影響

　　對一般人來說，用適當的措詞與架構撰寫一份公共政策或法案，是需要一些技巧的。有時候，即使是在立法機關工作的人都需要協助。下面的指南摘錄自蒙大拿州議會的網站[2]，它提供州議員一系列需要回答的問題，以利起草法案的議員辦公室可以將他們的想法撰寫成法案，並在州議會通過後成為正式的法律。

　　瀏覽立法者必須回答的這 10 個問題，這些問題可以幫助你準備班級政策與製作專題檔案的第 3 項任務：製作公共政策提案。雖然可能不會讓你的政策撰寫成一個真正的法案，但這些問題可以幫助你探討、釐清想要強調的問題。

　　立法事務部門（Legislative Services）[3] 的法案起草員，必須將法案的目的和政策轉化成清楚、簡潔的言語，以符合法案起草手冊的要求。若要做到這一點，要求立法的立法委員必須提供起草員完整的資訊。立法院（或議會）規定：「所有的法規草案必須具體明確指出立法委員想要達成的目標，並須清楚描述要運用的方法。在立法事務部門首長的同意下，起草員有權將立法草案撰寫請求退回給立法委員，要求其提供更多的資訊。」要求立法的立法委員必須盡可能回答下列各項問題。請使用下列問題來協助進行這個步驟。

1. 究竟要解決的是什麼問題？
2. 誰遇到這個問題——這個問題是普遍性的，或是區域性的？
3. 解決這個問題的方案建議是什麼？
4. 這個建議該如何達成，換句話說就是：政府該採取什麼行動來解決這個問題？
5. 立法的目的是什麼？如果這個法案通過，什麼結果可以顯示已經有效達成解決方案？
6. 起草員可以和誰聯絡取得資訊？（務必要將這 10 個問題影本送給可以回答這些問題的人）。
7. 你知不知道有哪些現行的特定法規必須修改，才能達成你的解決方案？
8. 是否有來自其他州、組織、遊說人員、機關或其他來源的立法，可以作為你立法的範本？如果你曾經在哪裡聽過或讀到相關的訊息，盡可能找出這些訊息的相關資訊，例如：具體指出從哪裡得知，如果能，並請提供影本。
9. 這個解決方案需要額外經費嗎？如果要，如何籌募到這些經費？或是可以從哪些現有的資源獲得？（授權地方政府執行法案，必須授權經費取得來源）。
10. 立法機構是否曾對這個問題考量過其他的解決方案？這些方案為何無法成功？

2　摘錄自蒙大拿州議會網站：http//leg.state.mt.us/css/research/information/draftques.asp。
3　請參見其官方網站：http://leg.mt.gov/css/Services%20Division。

附錄 B

公民行動方案成果展所需材料

這些指導原則和程序，是為了要讓全國各地的公民行動方案成果展示都有一致的結構，我們已經讓這些指導原則盡量清楚、簡單扼要並實用，相信每位不同公民行動方案成果展示的參加者，不論是地方、州或全國層級的發表會，都能運用這些定義清楚的指導原則、統一的程序及項目來評定專題檔案和模擬公聽會。

參與活動

公民行動方案的主要目的之一，是鼓勵學生或民間青少年團體[1]，在不同課程活動安排上，都盡可能有最廣泛的參與。

成果發表會

成果展示分成兩大部分，二者都需要評審使用本書中列出的指導原則和評量工具來為學生們的工作成果打分數。

專題檔案展示和評量

這項活動中，評審要閱讀、分析和評定學生們製作的專題檔案。原則上，這個專題檔案必須陳列在公開場所，打分數的時候學生不會在現場。

模擬公聽會

這項活動需要所有製作專題檔案的學生出席，4 個工作小組的成員都要向評審進行口頭報告，並回答他們的提問。

成果發表會程序

專題檔案

這是按照檔案夾的標準格式（學生手冊第 71-83 頁中的規定），有兩個主要部分：

---

1 本行動方案亦可運用在校園外的青少年團體。

一組 4 個階段的展示板，以及一份文件資料夾。如果學生是用不同的格式來呈現工作成果，仍然需要包含下列各項基本要素。

展示板

展示板必須具備：

- 4 片展示板（如：海報板、保利龍板或珍珠板），每片板子的寬度不能大於 32 吋（約 80 公分），高度不能多於 40 吋（全開，約 100 公分），分屬 4 個工作小組用來展示該組的工作成果。

每片展示板上必須呈現：

- 研討主題的文字摘要。
- 各種圖示解說。
- 所運用資訊的來源。

文件資料夾

文件資料夾必須包含下列各要素：

- 用分頁夾或標籤分成 5 個部分，每個部分的厚度不得超過 2 吋（約 5 公分），裝訂在活頁夾中。
- 整個檔案夾的內容和資料目錄。
- 每個小組蒐集到對該部分的研究最有支持力的文獻和資料的影本。
- 第 5 部分是全班的工作成果評估和經驗回顧。

模擬公聽會

以公聽會的形式讓參與課程的同學進行口頭報告。這是公民行動方案課程中的一項重要學習經驗。教師要鼓勵同學們安排在社區成員面前進行報告的模擬公聽會。口頭報告的對象可以是別班的同學、學生家長或是社區成員（例如：親師會、扶輪社等）。這項活動可以讓同學們學習如何向他人提出自己的想法，以及如何在重要的公共政策議題上，說服對方接受某個立場。學生手冊第 85-89 頁第三章的步驟 5：「在模擬公聽會報告專題檔案」中，有對這個課程的目標和程序的具體說明，可以運用在口頭報告上。

目標

- 說明學生研究這個問題的重要性。
- 說明和評估同學們選定問題的各項可行的解決方案的優點和缺點。
- 說明為什麼同學們的公共政策提案是最好的處理方式，以及為什麼政府應該採用並執行這個提案。同時，學生們應該說明他們的政策並不違反州憲法或聯邦憲法。
- 說明學生們的行動計畫是如何讓政府官員採納和執行他們提議的政策。

程序

在製作專題文件資料檔案和準備模擬公聽會時，每個班級或青少年團體都要分成 4 個任務小組 —— 每組負責一部分的專題任務。每一個任務小組要準備一份 4 分鐘的報告，說明他們研究的問題。接下來，有 6 分鐘的詢答時間，讓同學們回答評審的疑問，並請一位志工擔任計時員，在報告時間和提問詢答時間各剩下 1 分鐘時，提醒同學。

學生們可以用書面摘要來協助進行這 4 分鐘的報告，但是不能用在詢答時間。在整個口頭報告的過程中，同學們都可以用展示板來強調某個重點。

計時

每一次模擬公聽會都要有一位志工擔任計時員，計時員必須不是評審，對每個專題任務小組的報告都要嚴守 10 分鐘的時間限制：4 分鐘由學生進行報告，6 分鐘由委員們提問。計時員可以用舉牌的方式，提醒學生報告時間以及提問時間只剩 1 分鐘。10 分鐘一到，計時員就要喊：「時間到！」來結束口頭報告程序。

選擇評審委員

下面幾項要點可以幫助教師選出適當的人員，擔任對學生們的專題檔案和模擬公聽會的評審委員。

原則上，每 3 組專題檔案的成果發表，需要一組由 3 位志工組成的評審委員會對學生們的成果進行評分。這些委員會的成員必須由充分瞭解「制定公共政策的程序」、「現有的公共政策議題」和「公民教育與公民參與的連結」。評審委員可以來自公共領域或私領域，最理想的是具備多元背景的人士，參考如下：

- 現任及退休教師（例如：社會科學、語言藝術、自然科學等）。
- 大學教授。
- 選任或指派的政府官員。
- 記者。
- 律師、法官和執法人員。
- 社區組織成員〔例如：婦女選民聯盟（League of Women Voters）、同濟會（Kiwanis Club）、海外戰爭退伍軍人協會（Veterans of Foreign Wars）〕。
- 曾經參與公民教育中心（We the People: The Citizen and the Constitution congressional hearing program）的高中生。

教材

教師應提供每位評審委員一本「公民行動方案」的學生手冊，以及下列各項資料的影本：
- 附錄 B2：「專題檔案發表會評審委員指導原則」（本手冊第 87 頁）。
- 附錄 B3：「公民行動方案專題檔案評量表」（本手冊第 93 頁）。

如果學生有進行口頭報告，評審委員會需要以下各項資料：

- 附錄 B4：「模擬公聽會評審委員指導原則」（本手冊第 95 頁）。
- 附錄 B5：「公民行動方案模擬公聽會評量表」（本手冊第 99 頁）。

評審

教師應事先和所有擔任學生工作成果的評審委員進行一個簡短的會議，仔細說明公民行動方案的整體目標，並特別提醒中學生的特質以及評審對他們可以有的合理期待。

和評審委員一起檢查下列各事項：

- 附錄 B2：「專題檔案發表會評審委員指導原則」（本手冊第 87 頁）。
- 附錄 B3：「公民行動方案專題檔案評量表」（本手冊第 93 頁）。

如果學生有進行口頭報告，和評審委員一起檢查以下各事項：

- 附錄 B4：「模擬公聽會評審委員指導原則」（本手冊第 95 頁）。
- 附錄 B5：「公民行動方案模擬公聽會評量表」（本手冊第 99 頁）。

教師得向評審委員們強調，需要給學生們一些正向的回饋以及建設性的建議，讓他們知道如何能夠讓專題檔案和口頭報告更上一層樓。

原則上，一個評審小組由 3 位評審委員組成，負責評量 3 份專題檔案。詳細審閱和評量一份專題檔案需約 45 分鐘，口頭報告則需約 1 個小時。舉例而言，如果要評量 15 份專題檔案，就需要至少 5 個評審小組，總共會有 15 個分數。每個評審小組要評 3 份專題檔案和 3 份不同的口頭報告。理想的狀況是，每份專題檔案都能經由 2 個不同的評審小組來評定分數；如果可能的話，每一場模擬公聽會也能經由 2 個評審小組來評量。

在專題檔案和模擬公聽會評分結束時，教師要蒐集所有評審委員的評量表，把每位評審委員對每一組專題檔案和模擬公聽會的分數相加，再除以該組評審委員的總人數，最後的結果就是每組專題檔案或模擬公聽會的成績。教師可以用這個平均分數來評定各班級參與專題檔案發表會和模擬公聽會的成果。

以下是公民教育中心建議的分數分級方式：

成果分級	平均分數
特優	50-41
優異	40-31
優等	30-21
佳作	20以下

例如，一份專題檔案或模擬公聽會的得分可能如下：

評審委員	評分
1號評審委員 2號評審委員 3號評審委員	38分 36分 40分
總計	114分
平均	38分 （114÷3=38）

評量過後

邀請所有參與的學生以及他們的老師、家人和朋友都一起與會，讓大家知道公民行動方案專題檔案成果發表的結果。

發給每位參與的學生一張上面寫有學生名字的成果證書，並有學校校長或選任的政府官員的簽名。教師可以透過所在地區公民行動方案的國會區域協調員（congressional district coordinator）[2]，從公民教育中心取得這些證書（http://www.civiced.org/pdfs/CongResponsibilityAgreementAnyYear.pdf）。如果可能的話，可以製作小型的獎杯或獎牌給每個參與的班級，顯示他們的成果。

如果可能，請安排有聲望的社區領袖來頒發成果證書，並發表簡短的致詞，肯定學生們貢獻的重要性，以及在制定政策上的成就，這是維繫健全民主體制的重要步驟。

---

2 美國公民教育中心推動的公民行動方案計畫，在美國各州都有州和國會區域協調員協助相關活動的進行。

B2 專題檔案發表會評審委員指導原則

　　公民行動方案的專題檔案發表會是互動式的公民教育課程的最終成果，要讓青少年們能積極投入所在社區的公民生活。在公民行動方案中，一群年輕人確認社區（像是學校、鄰里、鄉鎮、城市或州）的問題或議題加以分析，共同選出其中一項問題或議題深入研究，然後提出一項公共政策來處理這個問題或議題。最後，學生們制定一個行動計畫，具體提出各項步驟，好讓政府當局願意採納學生們所提議的公共政策。

　　要製作公民行動方案的專題檔案，學生們或是青少年團體成員應分成 4 個工作小組，每一組進行一個部分。每個小組負責的主要任務如下：

　　任務分組 1：說明問題。

　　任務分組 2：評估得以解決問題的各項可行的政策。

　　任務分組 3：制定班級支持的公共政策提案。

　　任務分組 4：擬定行動計畫。

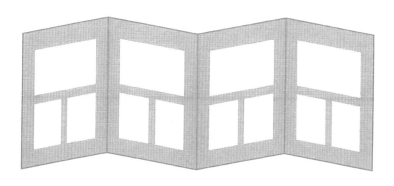

　　全班學生根據所做的研究製作成專題檔案，這個專題檔案分成展示板和文件資料夾，兩者的評量都是依據「專題檔案發表會評審委員指導原則」（學生手冊第 68-69 頁）和附錄 B3「公民行動方案專題檔案評量表」的 5 個部分，包含專題檔案的 4 個步驟，以及學生工作成果總評。

　　下列資訊對應了展示板和文件資料夾的 4 個組成部分。

任務分組 1：說明問題

展示板的第 1 部分，應詳細說明學生們選出來的問題或議題以及選擇的原因，其中要有一份 1-2 頁的書面摘要，清楚敘述問題或議題、學生們的看法、相關的圖表、照片、說明或插圖，還需清楚註明每一項資料的來源。

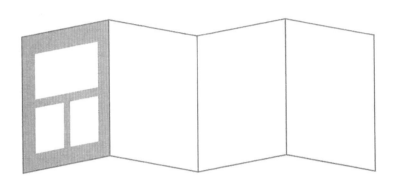

這一份書面摘要應該貼在展示板上，其中應包含下列各項資訊：
- 清楚陳述選出這個議題或問題的本質。
- 這個議題或問題的嚴重性和影響範圍。
- 應該負責處理這個問題或議題的政府層級和部門。
- 可能必須分擔處理這個問題或議題的責任的個人或團體。
- 針對這個議題或問題，在社區中有哪些不同意見？
- 如果已經有處理這個問題的政策，這個政策適不適當？為什麼？

文件資料夾

在文件資料夾的第 1 部分中，學生們要記錄他們的研究，包括最有支持力的資料。除了內容目錄之外，這個部分還要包括能支持小組工作的證據，例如：
- 完成的表格 2：「對社區問題制定公共政策和公民社會解決方案」（學生手冊第 31 頁）。
- 所有完成的訪談表格的摘要（或是有代表性的例子）。
- 報紙或雜誌上的相關文章。
- 網路或紙本資料來源表（如果有引用的話）。
- 其他有支持力的相關文章、報導等。

任務分組 2：評估得以解決問題的各項可行的政策

　　展示板的第 2 部分要呈現對不同小組或個人提出的 2-3 個公共政策替代方案的詳細說明和評估，如果已經有處理這個問題的公共政策存在，也要詳細說明這個政策的效果，並附上相關的圖表、照片、說明或插畫，還需清楚註明每一項資料的來源。

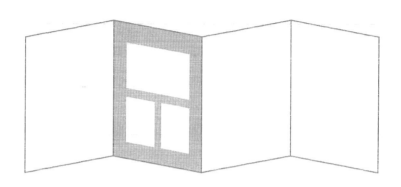

　　這個展示板中應包括每一項公共政策替代方案的 1 頁摘要，每一份摘要中應有下列資訊：

- 如果已經有相關的政策，對現有政策的說明，以及對其效果的評估（優點和缺點）。
- 詳細說明每一個公共政策的替代方案及其優、缺點，並提出能支持論證的數據資料。
- 列出每一項公共政策方案的來源（例如：公民個人、特定利益團體、立法機關或市議會等）。

文件資料夾

　　在文件資料夾的第 2 部分中，學生們要記錄所做的研究，包括最有支持力的資料。除了內容目錄之外，這個部分還要包括能支持小組工作的證據，例如：

- 有完整政策內容的文件（如果現在有）。
- 來自特定利益團體或個人的信函或備忘錄。
- 相關文宣。
- 其他有支持力的相關文章、報導等。

任務分組 3：制定班級支持的公共政策提案

展示板的第 3 部分要清楚說明解決這個議題或問題的一項公共政策方案，並說明爲什麼班上同意支持這項方案的理由。學生們可以選擇支持一個既有的政策、修改一個既有的政策、制定一項新的政策，或是支持展示板第 2 部分列出的替代政策中的一項，同時也要附上相關的圖表、照片、說明或插畫，還需清楚註明每一項資料的來源。

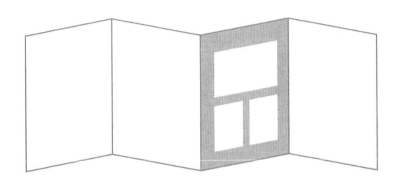

展示板中必須包含一份 1-2 頁的書面摘要，其中記載下列各事項：
- 說明班級提案或修改的公共政策，以及爲什麼這個政策是處理這個問題或議題的最佳選擇。
- 用現有的數據資料說明這項公共政策的優點和缺點，包括哪些個人或團體會受到影響以及可能的影響。
- 完整的論述，分析說明哪一個政府層級或機關應該負責執行這項公共政策方案。
- 說明並論述所提議的這項公共政策爲何不違反聯邦憲法或州憲法的規定。

文件資料夾

文件資料夾的第 3 部分，同學們應記錄所做的研究，包括最有支持力的資料，除了內容目錄外，這個部分還要包含能支持小組工作的證據，例如：
- 完成的表格 11：「憲法意見表」（學生手冊第 79-80 頁）。
- 任何可適用的法律或規則。
- 現有政策或法律，或是新制定的或修正的法律或政策。
- 其他有支持力的相關文章、報導等。

任務分組 4：擬定行動計畫

展示板的第 4 部分應詳細地敘述學生們的行動程序，說明如何讓有權責的政府單位或部門採納並執行。這個計畫必須包括：建立社區支持該公共政策的步驟，以及完整執行細節，並附上相關的圖表、照片、說明或插畫，還需清楚註明每一項資料的來源。

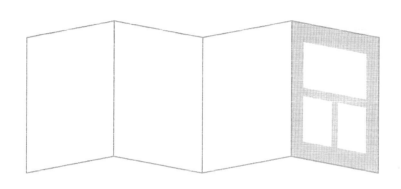

這部分的書面摘要必須包含下列各事項：
· 清楚說明學生們如何獲得政府官員對班上的公共政策提案的支持。
· 清楚說明學生們如何獲得特殊利益團體、社區團體、企業或有影響力的個人對班上的公共政策提案和行動計畫的支持。
· 指出可能會反對班級公共政策提案和行動計畫的有影響力的個人、企業、特定利益團體或政府機關，並說明他們反對的理由。
· 說明執行行動計畫的步驟和這個計畫的優點。
· 如果可能，行動計畫也要包括預估執行這項政策的費用和時間表。

文件資料夾

文件資料夾的第 4 部分，學生們要記錄所做的研究，包括最有支持力的資料，除了內容目錄外，這個部分還要包含能支持小組工作的證據，例如：
· 贊成或反對的書面報告。
· 文宣。
· 有影響力的個人或政府官員的來函。
· 其他有支持力的相關文章、報導等。

第 5 部分：經驗回顧

　　課程的最後一個步驟是要學生們回顧學習經驗。這個部分只需放在文件資料夾中，就是文件資料夾的第 5 部分，其中要有學生們簡要的文字敘述，說明自己從公民行動方案課程中學到了什麼，包括對公共政策和制定政策過程的學習心得，以及公民行動方案如何幫助學生們更清楚的認識政府官員和公民的角色。最後，同學們進一步思考如果有機會重新進行一次相同的活動，會在哪些地方有哪些不同的做法。如果有機會讓學生們在模擬公聽會中向大眾呈現這個專題，務必也要包含他們的經驗回顧和心得。

B3 公民行動方案專題檔案評量表

　　公民行動方案專題檔案是由：4 個工作任務展示板，以及 5 個部分的文件資料夾所組成。請使用下列「公民行動方案專題檔案評量表」來評審，並請參考下列評分標準給予「公民行動方案專題檔案評量表」中的每個項目一個分數（1-10）。

評分標準

級別	平均分數
特優	9-10
優等	7-8
普通	5-6
低於平均	3-4
不及格	1-2

公民行動方案專題檔案評量表

組別	評審項目	分數	評語
1	說明問題		
	• 敘述問題、說明原因，並證明問題的確存在。 • 展現對問題爭議的瞭解。 • 展現對既有公共政策或政策提案的瞭解。 • 說明社區中對這個問題的各種意見。 • 說明為什麼政府必須介入解決這個問題。		
2	分析可以解決問題的各項政策方案		
	• 提出2-3個可以解決問題的公共政策方案。 • 說明每個可行的政策方案的優點和缺點。 • 指出每個可行的政策中矛盾或衝突的地方。		
3	擬定的公共政策議案及其說服力		
	• 描述處理問題的公共政策，並找出負責制定相關法律或政策的政府機關或單位。 • 說明支持這個政策的理由和證據。 • 說明這個公共政策的優點和缺點。 • 說明提出的公共政策符合憲法的規定。		
4	行動計畫的執行		
	• 舉出需要影響的個人或團體，不論原先是贊成還是反對這項政策。 • 舉出需要影響的政府官員，不論原先是贊成還是反對這項政策。 • 寫出如何讓公共政策提案具體實施的行動計畫。 • 以前面各展示板中的各項證據為基礎，提議一項行動計畫。		
整體表現	整份專題檔案		
	• 提出展示板和檔案夾中互相佐證的資料。 • 各展示板之間有清楚並具說服力的順序架構。 • 引用並記錄各種不同的資料來源，清楚註明各資料和證據的出處。 • 文字明白流暢。 • 引用合宜、相關的圖表和書面資訊。 • 視覺上具吸引力。 • 清楚表達學生們的學習經驗和心得（在檔案夾的第5部分）。		
總分			

學校：
教師：
評審委員：

　　公民行動方案中的模擬公聽會是這個課程的高潮，這套互動式公民教育課程的目的是要幫助青少年能參與社區的公民生活。在公民行動方案課程中，一群青少年尋找和分析社區（學校、街坊鄰里、鄉鎮城市甚至全國）面臨的各種議題和問題，選擇其中之一來進行詳細的研究，然後提出一項公共政策來處理這個議題或問題。最後，還要擬定一項行動計畫，詳細列出可行的步驟，使得提出的公共政策能被相關主管機關採納。

　　模擬公聽會（口頭報告）的目的是要教導學生提出、分析、捍衛自己的想法和意見，並想辦法影響社區的決策制定者採納這些意見。

　　進行模擬公聽會時，班上或青少年團體的學生們分成 4 個任務小組，每個小組負責進行專題檔案的一部分。每個小組的主要任務和責任如下：

　　任務分組 1：說明問題。

　　任務分組 2：評估得以解決問題的各項可行的政策。

　　任務分組 3：制定班級支持的公共政策提案。

　　任務分組 4：擬定行動計畫。

　　每個小組要準備一份 4 分鐘的口頭報告，接下來要接受教師或其他評審委員 6 分鐘的提問；也就是每個小組在評審團面前接受評審的時間共計 10 分鐘。所有小組都報告完畢後，教師和其他的評審委員都要給學生們建設性的回饋（詳細內容請參考本手冊第 102 頁「回饋」）。

　　以下的資訊能幫助教師對每個小組能更深入的提問。請注意，這些問題只是用來作為參考指南，幫助引發更多的想法和資訊，或是更詳細演繹報告中提出的資訊。

　　提問的目的，是要幫助你評估學生們對所提的問題、調查和蒐集的資料，以及解決問題的程序究竟瞭解多少？你對學生們學習和提議的內容瞭解越多，就越能適當的評估他們的成果報告。

　　以下的資訊能幫助你適切的評估 4 個小組的成果報告。全班同學根據一起研究的結果做成一份專題檔案，檔案分為兩個部分：成果展示板和文件資料夾，這兩部分組成完整的專題檔案。學生們的陳述和對評審委員深入提問的回答，都必須根據專題檔案的內容。你必須用「公民行動方案模擬公聽會評量表」（附錄 B5，第 99-100 頁）的 5 個部分來評量學生們的報告，針對專題檔案 4 個任務以及學生們總體表現逐一打分數。

任務分組 1：說明問題

這一組必須詳細說明班級選出的議題或問題，以及為什麼會選定這個主題的理由。在準備進行公聽會報告的階段，小組必須能詳細描述問題的範圍和對社區的影響。在提問中可能會被問到的問題包括：

- 在社區中這個議題或問題有多廣泛？
- 社區中其他人認為這個議題或問題重要嗎？你怎麼知道？
- 到目前為止，大眾如何回應這個議題或問題？
- 你運用哪些資源來研究這個議題或問題？
- 進行研究之後，你是否對這個議題或問題有更深入的瞭解和學習？
- 你認為哪個政府部門應該處理這個議題或問題？為什麼？
- 現在有沒有任何政策或法令在處理這個議題或問題？他們可以適切的解決問題嗎？為什麼可以或為什麼不可以？

任務分組 2：評估得以解決問題的各項可行的政策

這一組的任務是說明解決問題或議題的既有政策或是其他替代政策。在有些問題上，目前還沒有具體的公共政策存在，所以學生們必須擬定公共政策的替代方案來處理這個問題。

學生們的陳述應同時包括：既有政策與提議的政策的優點和缺點。如果沒有既有政策，學生們必須說明有哪些可行的公共政策提案正在考量之中，或是班上學生、社區團體、特殊利益團體、正式的委員會、立法機關或縣市議會有提議哪些政策替代方案。每一項政策或提案的優、缺點都應加以討論。在深度提問中可能被質詢的問題包括：

- 你們從哪裡找到既有的政策或是提案的政策？
- 在檢視可以解決問題的各種可行的政策後，你們對這個議題或問題有沒有學到更多？
- 如果現在已經有既有的政策，為什麼需要改變？
- 哪些團體或個人支持既有政策，或是提案的新政策？他們支持的理由是什麼？
- 哪些團體或個人反對改變既有政策，或是提案的新政策？他們反對的理由是什麼？
- 有沒有其他的政策或解決方案沒有包含在你們的專題檔案中或簡報中？如果有，那些內容為何？為什麼被你們排除在外？

任務分組 3：制定班級支持的公共政策提案

　　這一組的任務是提出公共政策議案或其他解決方案。這個小組的說明必須包括清楚的分析為什麼要修正既有政策、刪除既有政策或實行新政策。如果可能，學生們應製作成本分析。同時小組也必須解釋所提出的新政策並沒有牴觸憲法的規定。在深度提問中可能被詢問的問題包括：

- 提出的新政策屬於哪一個政府部門或專責單位的職責範圍？為什麼？
- 你們是否有考慮到執行這項政策所需的所有費用？如果有，總共需要多少經費？其中包括哪些費用？
- 這些經費要從哪裡來？除了金錢之外，還需要哪些資源？
- 民間團體或私人企業有責任改善問題或協助執行提出的新公共政策嗎？

任務分組 4：擬定行動計畫

　　這一組的任務是詳細介紹如何讓主管機關採納政策提案的各個步驟。小組的陳述必須包括需要多久的時間，才能讓提案被採納和執行。在深度提問中可能被詢問的問題包括：

- 支持你們提案的團體或個人，可以如何協助你們影響或說服政府官員採納你們的提案？
- 還有其他的團體或個人也可能會支持你們建議的解決方案或提案嗎？他們為什麼可能會贊同你們呢？
- 哪些團體或個人反對你們建議的解決方案或提案？他們反對的理由有哪些？
- 對那些反對你們提案的團體或個人的論點，你們會如何回應？
- 執行這項提案需花多久的時間？
- 你們期望執行這項提案之後會有什麼結果？
- 如果你們的提案沒有被採納，會發生什麼結果？

總體性的問題

　　以下這些總體性的問題，可以對任何一組發問：

- 你們提到的法律或案例，如何可以支持你們的論證？
- 在參與公民行動方案課程後，你學到哪些和政府官員相關的事情？
- 在參與課程後，你學到哪些和現在社區中面臨的議題或問題相關的事項？

回饋

　　公民行動方案中的模擬公聽會是課堂學習的延伸，因此，也提供教師另一種機會，來幫助學生們瞭解制定公共政策的複雜過程。在每個小組報告，展示各組的任務成果後，教師必須要回應學生們的各項表現。教師的評論應該簡短但是要有建設性，可以稱讚學生們的作品，幫助他們從過程中學習。

　　一定要先稱讚學生們的成果，然後再加入可以如何改善的實例。例如，教師可以說：「我很欣賞你們說明問題的敘述方式，我會建議你們加入更多究竟有多少人受到這個嚴重問題影響的統計數據資料。」

　　毫無疑問的，學生們在成果報告中一定會犯錯。在給予回饋的時候，請務必很有技巧地用很敏銳又有禮貌的方式提出更正。例如：「你們的報告中引用了在『紐澤西州政府訴 T.L.O 』（New Jersey v. T.L.O.）這個案件中最高法院的判決。這個案子是關於憲法第四修正案禁止非法搜查和逮捕的原則。因為你們的報告是關於言論自由，不妨考慮是否改成『廷克訴德莫校區獨立委員會』（Tinker V. Des Moines case instead.）這個案例。」

B5 公民行動方案模擬公聽會評量表

　　公民行動方案公聽會提供學生們一個在公開論壇上，分享從社區問題學到些什麼，以及從制定公共政策的過程中如何提出解決方案的經驗。這樣的成果報告由 4 組不同的同學進行，每一組負責報告專題檔案的一個部分。在評量每個小組時，要用下一頁的評量項目為各組評分，每個項目給一個分數從 1 分到 10 分：

評分標準

級別	平均分數
特優	9-10
優等	7-8
普通	5-6
低於平均	3-4
不及格	1-2

公民行動方案模擬公聽會評量表

組別	評審項目	分數	評語
1	說明問題		
	• 敘述問題、說明原因，並證明問題的確存在。 • 展現對問題爭議的瞭解。 • 展現對既有公共政策或政策提案的瞭解。 • 說明社區中對這個問題的各種意見。 • 說明為什麼政府必須介入解決這個問題。		
2	分析可以解決問題的各項政策方案		
	• 提出2-3個可以解決問題的公共政策方案。 • 說明每個可行的政策方案的優點和缺點。 • 指出每個可行的政策中矛盾或衝突的地方。		
3	擬定的公共政策議案及其說服力		
	• 描述處理問題的公共政策，並找出負責制定相關法律或政策的政府機關或單位。 • 說明支持這個政策的理由和證據。 • 說明這個公共政策的優點和缺點。 • 說明提出的公共政策符合憲法的規定。		
4	行動計畫的執行		
	• 舉出需要影響的個人或團體，不論原先是贊成還是反對這項政策。 • 舉出需要影響的政府官員，不論原先是贊成還是反對這項政策。 • 寫出如何讓公共政策提案具體實施的行動計畫。 • 以前面各展示板中的各項證據為基礎，提議一項行動計畫。		
整體表現	公聽會整體表現		
	• 各組的呈現間有清楚並具說服力的順序架構。 • 引用並記錄各種不同的資料來源，清楚註明各資料和證據的出處。 • 引用合宜、相關的圖表和書面資訊。 • 具備適當的口頭報告水準（步調、規劃、清晰、態度、目光接觸等）。 • 報告時妥善分配各組員的上台演說時間。 • 能同時表達同學們的學習經驗和心得。		
總分			

B6 給評審委員的信

親愛的＿＿＿＿＿＿＿＿（姓名）：

謝謝您願意參加我們公民行動方案的成果發表會，您的出席彰顯了承擔公民責任和從事公共參與的人格特質，而這樣的特質正是這個課程想要的成果。公民行動方案課程的設計目的是要促進學生們稱職且負責地參與地方、州或聯邦政府的事務，幫助青年學子學習如何監督和影響公共政策。在課程中，學生們會發展出對民主價值和原則的支持、對多元意見的包容和對政治效能（political efficacy）[3] 的感受。

學生們組成小組分工合作，找出一個公共政策問題或議題進行研究，評估各項可行政策，發展出一套可以解決問題的公共政策方案，並擬定行動計畫，好讓政府當局採納他們提出的公共政策。在這個發表會中，您將會看見並聽見他們擬定公共政策以解決問題的工作成果。

發表會分成兩大部分：（一）檢視學生們用來呈現研究和處理問題的文件檔案；（二）模擬公聽會，讓學生們練習在公聽會的氛圍中，模擬對相關政府官員或部門提出他們建議的政策方案。

我們附上兩份文件幫助您瞭解您在成果發表會中的任務。

如果您是負責評量學生專題檔案的部分，您將使用：

專題檔案發表會評審委員指導原則

公民行動方案專題檔案評量表

如果您是負責評量學生們口頭報告的部分，請您使用：

模擬公聽會評審委員指導原則

公民行動方案模擬公聽會評量表

請您務必在活動之前先閱讀這些資料。在開始評量之前，我們還是會簡短的再次說明發表會的程序，並回答您的問題。

請記得這個專題課程的焦點，是要藉由參與政府運作讓學生們逐漸學習民主社會中應具備的技能和責任。作為學生們的領導人和模範，我們必須支持、鼓勵和教導他們如何成為積極參與的公民，即使有時候必須考慮是否要挑戰既有的政策。

---

3 個人認為個體透過政治參與能影響政府決策的能力。

公民行動方案書面展示和口頭報告的組成部分：

- **要處理的問題**
  說明「一個公共政策問題或議題」、「現有處理這個問題的政策」，以及「這個政策必須更改的理由」。

- **其他可行的替代政策**
  分析 2-3 個可能解決這個問題的不同政策或提案，並說明其優點和缺點。

- **我們的政策提案**
  清楚描述小組選定可以處理問題的最佳政策，並依照現實需要調整政策，使之在經濟上可行又合乎憲法的規定。

- **行動計畫**
  找出會受到這個政策影響而支持和反對的特定人士，向他們提出行動計畫來獲得支持，或是說服他們認同這是一個圓融完善的政策。

_____（教師姓名）

敬上

更多關於「公民行動方案」的資訊，請上網：www.civiced.org/project_citizen.php。

附錄 C

補充資料

概念	定義	描述	實例

C2 公共政策小試題

指示

對下述每一個例子，指出所採取的行動是否屬於「用公共政策來解決問題」，並說明你的答案。

1. 保險公司對收到超速罰單的駕駛提高保費。這是一個公共政策嗎？為什麼？

2. 州議會通過一項新的法律，將可以開車的年齡提高到 18 歲。這是一個公共政策嗎？為什麼？

3. 一個地方環保團體發起「河流清潔日」，志工們沿著河流撿垃圾。這是一個公共政策嗎？為什麼？

4. 學校教育委員會（The school board）修改畢業學分的規定，要求必須修滿 4 年的數學課程。這是一個公共政策嗎？為什麼？

5. 學校的數學社要求同學們需通過微積分測驗才能加入社團。這是一個公共政策嗎？為什麼？

6. 因為需求大於供給，全國的汽油價格上漲。這是一個公共政策嗎？為什麼？

7. 土地管理局發給核准增加美國境內的鑽油地點。這是一個公共政策嗎？為什麼？

8. 航空公司提高機票價格 100 元以上。這是一個公共政策嗎？為什麼？

9. 一所地方教會提供青少年的諮商服務，協助處理人際關係、吸毒、酗酒和其他私人問題。這是一個公共政策嗎？為什麼？

10. 全國籃球協會要求所有球員在出席公共場合時，必須穿著正式的上班服裝。這是一個公共政策嗎？為什麼？

C3 啟動機制

評分量尺：1 = 非常低 / 非常少；5 = 非常高 / 非常多

問題▶						
啟動	1	2	3	4	5	為什麼你給這個分數？
範圍						
密集度						
持續期間						
資源						

問題▶						
啟動	1	2	3	4	5	為什麼你給這個分數？
範圍						
密集度						
持續期間						
資源						

問題▶						
啟動	1	2	3	4	5	為什麼你給這個分數？
範圍						
密集度						
持續期間						
資源						

問題▶						
啟動	1	2	3	4	5	為什麼你給這個分數？
範圍						
密集度						
持續期間						
資源						

C4 分析問題的重要性

1. 你找到的公共政策問題是什麼？請詳細說明。

_____

_____

_____

_____

2. 請附上一篇和這個問題相關的文章或訪談的摘要，並說明這篇文章或訪談摘要的主要論點，以及這篇文章如何證明問題的確存在。

_____

_____

_____

_____

3. 按照下述的啟動機制評量這個問題。
   評分量尺：1= 非常低 / 非常少；5 = 非常高 / 非常多

問題▶						
啟動	1	2	3	4	5	為什麼你給這個分數？
範圍						
密集度						
持續期間						
資源						

4. 還有哪些資訊可以用來向決策者證明，啟動機制中的每一項問題的嚴重性？

範圍 _____

_____

_____

密集度 _____

_____

_____

持續期間 _____

_____

_____

資源 _____

_____

_____

5. 你需要進行民意調查嗎？_____

　　如果需要，你要調查的對象是誰？_____

　　_____

　　_____

　　你想詢問調查對象什麼內容？_____

　　_____

　　_____

6. 你可以訪問誰來說明這是個重要的問題？

　a. _____

　b. _____

　c. _____

7. 哪些團體、部門、新聞組織或其他資訊來源，可以提供這個問題相關資訊？

　a. _____

　b. _____

　c. _____

8. 今天你要如何在班上說明這是一個嚴重的問題？

　　_____

　　_____

　　_____

　　_____

9. 在下一堂課之前，你準備做些什麼？

　　_____

　　_____

　　_____

　　_____

C5 公民行動方案研究提示

姓名 _____

今天我要找出：

_____

_____

我可以選擇的研究問題有（請具體指明）：
1. _____
2. _____
3. _____

在下一堂課之前，我要找出：

_____

_____

我可以選擇的研究問題有（請具體指明）：
1. _____
2. _____
3. _____

我會帶到課堂上：

_____

_____

在下一堂課時，小組要向班上同學報告下列各事項：
1. 清楚的說明問題。
   現有的解決方案有哪些負面的影響？
2. 問題牽涉的範圍，包括多少人、哪些地區（地方、州、區域、全國或國際）受到影響，以及受到怎樣的影響？
3. 問題的重要程度和持續期間。有誰熱衷這個問題，或是有誰受到最嚴重的影響？這樣子持續多久了？
4. 現在有處理這個問題的政策嗎？是什麼呢？目前有哪些資源（金錢、人力、時間、空間等）投注在這個問題上？

問題▶	
日期	
關鍵字詞	

C7 網站註記卡

指示

對每一個獲得資訊的網站都要製作一份完整的註記卡。

問題▶			
網站名稱			
URL[1]			
網站型態[2]			
文章標題			
文章作者			
網站評價	1 不足採信	2 或許可信	3 優質資訊值得信賴
註記[3]			
引用[4]			

---

1 例如：www.cnn.com。

2 例如：雜誌、報紙、個人、企業、政府、電視台、學校、其他團體等。

3 用自己的話註記。

4 剪貼或複製貼上。

C8 書面意見調查製作指南

　　好的調查表設計不易，遵循下列各步驟，可以幫助同學們從問題的答案中獲得需要的資訊。

1. 設定這項調查的主要目標。你最想知道什麼？

2. 寫下 5 個和你的目標直接相關的問題，每個問題都要簡潔、清楚，並且不帶偏見（也就是不能引導參與的人偏向選擇某個答案）。

3. 列出每個問題可能的答案選項提供受訪者選擇。在設計問題和答案時，想想看將如何呈現這些結果，答案選項可以用多選題或是評分表的方式。有些常用的評分表：像「同意 / 不同意」、「幾乎不會 / 總是如此」、「很差 / 優良」等。如果使用數字等級評分表，分數較高應該代表更積極或贊同該項答案。每一個問題都要有讓受訪者選擇不回答問題的選項，例如：「不知道」、「不確定」、「不在意」、「不願回答」，並在調查表最後面加上「意見欄」。

4. 檢視你的調查表，然後讓班上少數同學試做看看。在這些同學填寫調查表格時，將那些可能混淆的問題或無法反應受訪者真正意見的答案選項註記。在填寫完成後和這些同學討論，然後註明必須改善的地方。

5. 經由這些同學的經驗編輯你的調查表，做成最後的完稿，然後影印足夠的數量對廣大的族群進行調查，以獲得可信賴的結果。

6. 將調查表分給目標族群，如果讓受訪者當場寫完就收回，可以回收的數量比較多；如果留給他們填完了再送還給你，能回收的數量就很有限。

7. 將結果列表。

8. 把結果作成圖表、量表或文字內容，從中選出最令人印象深刻、完整和相關的結果，放在任務分組 1「說明問題」，在學生手冊第 62 頁中。

C9 專題檔案任務工作表

問題

敘述這個問題、其重要性和解決問題的必要性。

可行的各種解決政策

列出每一項政策的優點和缺點。

公共政策提案

擬定一個公共政策方案,列出其優、缺點,建議哪一個政府層級或部門要負責處理執行這項政策,並說明這個方案不會違反美國憲法或州憲法的規定。

行動計畫

列出班上可以採取的行動步驟,好讓政府接納所提議的公共政策。

請同學們將下列每一項敘述，放在適當的任務工作板上。

- 在第五街和中央路的交叉路口，常常發生車禍。
- 社區發展協會反對在他們住家附近再增設紅綠燈，他們認為應該要設置一個圓環。
- 市議會有權通過並執行在第五街和中央路交叉路口設置圓環的政策。
- 我們將參加市議會舉行的會議，提出我們的政策提案，以及各當地商家、通勤族和警察的支持信。
- 在與該路口的商家面談時，一位老闆表示因為車子沒辦法安全地開進他們的停車場，讓他們的生意不好。
- 一位市議員提議在該路口加設紅綠燈。
- 許多通勤族反對增設任何交通裝置，擔心會增加每天花在交通上的時間。
- 我們班建議在該處設置一個圓環。
- 圓環減緩交通的速度不如紅綠燈，卻也可以讓路口交錯的交通變安全。
- 警方的統計報告顯示：該路口一個月平均會發生一次車禍。

C11 專題檔案任務工作表參考答案

問題

敘述這個問題、其重要性、和解決問題的必要性。

- 第五街和中央路的交叉路口，常常發生車禍。
- 警方的統計報告顯示：該路口一個月平均會發生一次車禍。
- 在與該路口的商家面談時，一位老闆表示因為車子沒辦法順暢地開進他們的停車場，讓他們的生意不好。

可行的各種解決方案

列出每一項方案的優點和缺點。

- 一位市議員提議在該路口增設紅綠燈。
- 社區發展協會反對在他們住家附近再增設紅綠燈，他們認為應該要設置一個圓環。
- 許多通勤族反對增設任何交通裝置，擔心會增加每天花在交通上的時間。

公共政策提案

擬定一個公共政策方案，列出其優、缺點，建議哪一個政府層級或部門要負責處理執行這項政策，並說明這個方案不會違反美國憲法或州憲法的規定。

- 我們班建議在該處設置一個圓環。
- 圓環減緩交通的速度不如紅綠燈，卻也可以讓路口交錯的交通更安全。
- 市議會有權利通過並執行我們主張在第五街和中央路交叉口設置圓環的政策。

行動計畫

列出班上可以採取的行動步驟，好讓政府接納所提議的公共政策。

- 我們將參加市議會舉行的會議，提出我們的政策提案，以及各當地商家、通勤族和警察的支持信。

任務分組號碼	▶
小組成員	▶

每個展示板必須包含下列項目：

1. 期末書面報告摘要

誰負責這個步驟	▶

- 1-2頁，打字，雙行距
- 統整學生報告中的想法
- 指明這些資料的來源

2. 圖表資料

誰負責這個步驟	▶

圖表資料可以幫助人們瞭解你的重點：
- 照片或圖案
- 圖表
- 報章雜誌的標題
- 統計表與數字
- 引述他人的話語
- 意見調查、請願書等的範例

3. 架構

誰負責這個步驟	▶

展示板上的資料必須整齊且有組織架構：
- 標題
- 每一項圖表都要有文字說明

4. 參考書目和資料檔案夾的架構

誰負責這個步驟	▶

將所有的資料整理後，放在資料檔案夾中。檔案夾中的每一項資訊都要用參考文獻的書寫格式註明出處。
- 展示板中的參考書目
- 組織清晰的資料檔案夾

C13 工作分配：小組模式計畫

問題／檔案名稱	▶				
最終檔案格式	▶	□四大展示板	□網頁	□影片	□電腦簡報
小組成員	▶				

請將成員的名字寫在下面的任務分組中的工作分配表中，小組保留一份，一份交給老師。

	問題	解決問題的替代政策	班級政策提案	行動計畫
書面摘要				
圖表				
參考書目和資料檔案夾				
架構				

最終的分組企劃必須包括▶

4項任務	每項展示板或步驟的4個項目
• 問題 • 可解決問題的替代方案 • 公共政策提案 • 行動計畫	• 書面摘要 • 圖表 • 參考書目和資料檔案夾 • 架構

你的小組可以依下列 3 種方式擇一分工▶

1. 每位學生負責4個展示板上的一個不同項目，讓學生都有參與製作不同項目的機會。
2. 每位學生負責4個展示板上的同一個項目，但是必須完成4個展示板。
3. 每位學生負責完成4個展示板中的1個展示板。

使用下列表格來評估你的公民行動方案參與，用下述 3 個項目作為指引，從 1 到 5 評量自己的工作，1 是最低分，5 是最高分。

名字	日期

參與

我是主動參與，貢獻我的力量做我擅長的事情，促進團體的成功。請圈選適當的分數。

5   4   3   2   1

完全參與   可以參與更多

完成工作項目

我能按時完成我的工作，每天上課前都做好準備，甚至超過班級的要求。我尋求解決問題的方法，並總是完成我分內的工作。我主動發覺並著手進行需要做的事項。請圈選適當的分數。

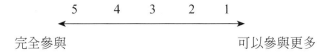

5   4   3   2   1

總是完成   從未完成

和團隊成員合作

我和每位團隊成員互動良好，協助進行團體計畫並達成各項目標。我不會頤指氣使的對待他人，在表達意見時不會和他人爭吵。我總是朝團體的目標努力工作。請圈選適當的分數。

5   4   3   2   1

良好的團體關係   團隊工作需要改進

意見

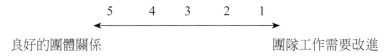

_____

_____

_____

C15 各項可行替代政策摘要

1. 來源（你從哪裡找到這項資訊、作者、文章名稱、日期等）

   _____

   _____

2. 這項政策是什麼？有標題或名稱嗎？

   _____

   _____

3. 這項政策如何解決問題？特別是這項政策在做什麼？

   _____

   _____

4. 這項政策要用在哪裡或向哪裡提案？與哪一個層級的政府相關？

   _____

   _____

5. 這項政策是誰制定的？誰支持這項政策？

   _____

   _____

6. 這項政策有哪些優點？

   _____

   _____

7. 誰反對這項政策？

   _____

   _____

8. 這項政策有什麼缺點？

   _____

   _____

9. 你認為這項政策有助於解決我們的問題嗎？為什麼有或為什麼沒有？

   _____

   _____

C16 分析可行的替代政策

政策類型▶	
其他替代方案	
優點	
缺點	
支持者 / 反對者	
關於這項政策 必須知道的事項	
政策類型▶	
其他替代方案	
優點	
缺點	
支持者 / 反對者	
關於這項政策 必須知道的事項	
政策類型▶	
其他替代方案	
優點	
缺點	
支持者 / 反對者	
關於這項政策 必須知道的事項	

C17 分組任務成果表

在下列各表格中詳細說明你在任務_____中進行的工作：

研究

架構

製作書面報告

面談、電話訪問等

其他

C18 班級公共政策提案

1. 最適合處理這個問題的政府層級是（學校、學區、縣市、中央）：
   _____

2. 為什麼這個層級的政府最適合處理這個問題？
   _____

3. 我們提議_____（政府層級）採納這個新的
   _____政策的特定內容：
   a. _____
   b. _____
   c. _____

4. 這項政策的優點：
   a. _____
   b. _____
   c. _____

5. 這項政策的缺點：
   a. _____
   b. _____
   c. _____